Heiko Schwarz

Aufs Maul geschaut

JOTA GmbH
PUBLIKATIONEN

Bibliografische Information der Deutschen Bibliothek
Die Deutsche Bibliothek verzeichnet diese Publikation in der Deutschen Nationalbibliografie; detaillierte bibliografische Daten sind im Internet über http://dnb.ddb.de abrufbar.

Heiko Schwarz
Aufs Maul geschaut I

Gesamtherstellung: Seidel & Seidel GbR
Satz- und Digitaldruckzentrum,
08209 Auerbach/08269 Hammerbrücke

Best.-Nr.: 449.556
ISBN 978-3-935707-56-5

man mus **nicht die buchstaben**

inn der lateinischen sprachen fragen,

wie man sol **Deutsch** reden, wie diese **esel** thun,

sondern, man mus die **mutter** jhm hause,

die **kinder** auff der gassen,

den gemeinen **man**

auff dem marckt drumb fragen,

und den selbigen **auff das maul sehen,**

wie sie reden, und darnach dolmetzschen,

so verstehen sie es den und mercken,

das man **Deutsch** mit jn redet.

Martin Luther, 1530 im Sendbrief vom Dolmetschen

Den Maiks dieser Welt gewidmet.

Über den Jordan gehen

„...und ganz Israel zog auf dem Trockenen hinüber, bis die ganze Nation vollends über den Jordan gegangen war.“
Josua 3,17

Zwölf Uhr Mittags in Racoon City. Die Straßen sind menschenleer. Der Wüstenwind bläst Strohbüschel quer über die High Street. Plötzlich zerreißen zwei Schüsse die gespannte Stille.
Augenblicke später. Ein Schwarzgekleideter betritt den Saloon. Noch während die Pendeltüren ausschwingen, ersterben sämtliche Geräusche. Die Spieler, die Trinker – alle verstummen. Auch der einäugige Pianospieler nimmt die Hände vom verstimmten Instrument. Es ist totenstill. Nur die Schritte des Schwarzgekleideten hallen durch den Saloon. Alle Augen folgen ihm, als er langsam zur Bar geht. „Einen Drink!“, bestellt er mit ausdrucksloser Stimme. Plötzlich fällt ein Schatten auf den Platz neben ihm. Der Sheriff. „He, Fremder. Wo ist Franky-Four-Fingers?“, fragt er mit rauchigem Timbre. Die stechenden Augen unter der breiten Krempe des schwarzen Stetson betrachten den Sheriff. „Der ist über den Jordan gegangen!“

Jedem ist bei diesen Worten klar, dass Franky dieses Mal nicht der schnellste Schütze jenseits des Llano Estacado war. Dabei hat der Jordan überhaupt nichts mit dem Fluss Styx aus der griechischen Sage zu tun, der angeblich durch die Unterwelt plätscherte.
Hier die Fakten: Nach vierzig trockenen Wüstenjahren war das Volk Israel endlich bereit, in das „Gelobte Land, in dem Milch und Honig fließt“, einzuziehen. In das Land Kanaan, das Gott ihnen versprochen hatte. Doch dazu mussten sie dessen Grenze überschreiten – den Jordan, weshalb eines Morgens, etwa 1406 vor Christus, um die zwei Millionen Israeliten unter der Führung Josuas auf die andere Seite marschierten.
Interessantes Detail: Der Einzige, der nicht über den Jordan ging, war Mose. Und warum? Weil er – bildlich gesprochen – über'n Jordan ging;

weil er nämlich vorher starb. Doch weshalb wird der Fluss dann als Synonym für das Sterben verwendet, wenn doch der einzige Gestorbene diesseits blieb?
Man mag es kaum glauben, aber der Pietismus ist Schuld – die geistliche Erneuerungsbewegung, die im 17. Jahrhundert mit Philipp Jacob Spener, August Hermann Francke und Konsorten ihren Anfang nahm. Einige pietistische Schriftsteller verglichen in ihren blumigen Schilderungen den Durchzug durch den Jordan ziemlich oft mit dem Eintritt der Frommen ins Himmelreich. Und weil man dazu im Allgemeinen vorher den Löffel abgeben muss, wurde der Schritt über den Jordan zu einem verhüllenden Ausdruck für „sterben".

Und so genial der Pietismus mit seiner Betonung von Christusnachfolge und tätiger Nächstenliebe im Allgemeinen auch ist, in diesem Fall hinkt der Vergleich, denn beim Gang über den Fluss ging es um Anfangen, nicht Abnibbeln. Ein ganzes neues Land sollte in Besitz genommen werden. Eine dankbare Aufgabe – hätte in der Gegend nicht schon ein Volk von riesenhaften Kriegern gewohnt. Der Gang über den Jordan bedeutete mitnichten den Abschied vom irdischen Leben und Streben. Im Gegenteil, jetzt erst recht sollte Israel „stark und mutig" sein und sich seinen riesigen Herausforderungen stellen.
Außerdem gingen sie nicht Kraft ihrer Wassersuppe. Gott hatte ihren Weg detailliert vorbereitet. Das zeigte sich schon bei der Querung, als die Israeliten trockenen Fußes durchs Flussbett sandalten, in einer Zeit, in der der Jordan durch die Schneeschmelze besonders tief, breit und schnell war. Naturwissenschaftlich kann man es nicht erklären, dass sich das Wasser zu einem Damm aufrichtete. Aber Wunder wollen auch nicht erklärt werden, sondern im Vertrauen angenommen.
In diesem Sinne: Gehen wir öfter mal wieder über´n Jordan!

Das schreit zum Himmel!

„Und er sprach: Was hast du getan! Horch! Das Blut deines Bruders schreit zu mir vom Erdboden her.“
1. Mose 4,10

Meine umfassend sozialistisch gebildete Staatsbürgerkunde-Lehrerin fand alles Mögliche zum Himmel schreiend. Nicht gemachte Hausaufgaben gehörten ebenso dazu, wie verlorene Essenmarken oder reklamebedruckte Pastiktüten aus dem Westen. Besonders schlimm wurde es, wenn man am Ersten Mai nicht marschieren ging. Oder wenn man die Tagesschau guckte und das in der Schule auch noch verriet. Egal, wie minimal ein beliebiger Sachverhalt von ihrem Weltbild abwich: Er wurde sofort mit dem Prädikat „himmelsschreiend“ versehen. Dabei war das einzig Himmelschreiende daran ihre inflationäre Verwendung des Ausdrucks.

Denn als zum ersten Mal etwas zum Himmel schrie, ging's nicht um weltanschauliche Kleinigkeiten, sondern um einen Mord.
Nun ist Mord immer schrecklich. Doch dieser hier war durch einige außergewöhnliche Tatsachen gekennzeichnet. Es handelte sich um den ersten Mord in der Geschichte der Menschheit. Damit nicht genug. Ein Mann, Kain, erschlug seinen Bruder, Abel. Und auch der Grund der Tat war einzigartig. Einzigartig armselig. Ein vorsätzlich und kaltblütig geplantes Verbrechen. Nicht aus Notwehr, sondern aus Neid.
Kain konnte es absolut nicht ertragen, dass sein Bruder einen besseren Draht zu Gott hatte als er selbst. Beide Brüder wollten ihrem Gott von dem zurück geben, was er ihnen zuvor geschenkt hatte. Beide opferten die Früchte ihrer Arbeit. Mit einem Unterschied: Abels Opfer wurde angenommen, Kains Opfer nicht.
Es lässt tief in die Psyche des Menschen blicken, dass Kains größte Frage nicht war: „Wie kann ich mein Problem unter die Füße bekommen?“, sondern: „Wie kann ich meinen Bruder um die Ecke bringen?“
Er lud Abel auf sein Feld ein und erschlug ihn dort. Wenn Kain schon

das Problem nicht aus der Welt schaffen wollte, so doch wenigstens den Auslöser.
Und doch war sein Verbrechen vollkommen umsonst. Zwar hatte er seinen Bruder zum Schweigen gebracht, nicht aber dessen Blut. Das schrie zu Gott. Mit diesem figurativen Ausdruck macht Gott kurze Zeit später Kain klar, dass die Tat weder übersehen noch überhört wurde.

Mit dieser ersten Bluttat wurde ein nicht enden wollender Kreislauf von Mord und Totschlag eingeläutet, der sich in Quantität und Brutalität mit jeder Tat zu potenzieren scheint. Viele Menschen stellen deshalb in ihrer selbstgerechten Entrüstung die Frage, was das für ein blutrünstiger Gott sei, der so etwas zulasse. Und vergessen dabei, dass der tödliche Kreislauf von Menschen in Bewegung gehalten wird. Kain war vielleicht der Erste, doch beileibe nicht der Einzige, der den wahren Ursprung seiner Probleme ignorierte und einen bequemeren Ersatz suchte.
Bis eines Tages, tausende Jahre später, die Möglichkeit geschaffen wurde, diesem Teufelskreis ein für alle Mal zu entkommen. Wieder musste das Blut eines Mannes fließen. Dieses Mal jedoch aus freiem Willen, damit der ohrenbetäubende Lärm unserer Bluttaten zum Verstummen gebracht werden konnte. Und während Kain sich einen eingebildeten Ersatzschuldigen suchte, wurde dieser Mann zum wahren Opferlamm.
Alles könnte so klar sein, läge es nicht in der Natur von uns Menschen, Tatsachen zu leugnen. Genauso leicht wie die Anklage Gottes kommt uns auch die stereotype Behauptung über die Lippen, dass wir diesen Mann nicht nötig hätten. So schlimm seien wir nicht, schließlich hätten wir niemanden ermordet. Sagen es und übersehen dabei, dass es schon ausreicht, unsere Schwestern und Brüder in Gedanken durch den Schmutz zu ziehen, um vor den Augen unseres Schöpfers zum Mörder zu werden.
Der wahre Schuldige steckt meist in unserer eigenen Haut.

Augen haben und nicht sehen; Ohren haben und nicht hören

„Sie haben Mäuler, und reden nicht; sie haben Augen, und sehen nicht; sie haben Ohren, und hören nicht; sie haben Nasen, und riechen nicht…“
Psalm 115,5

Bis lange nach Mitternacht hatte Maik mit seinen spätpubertären Kumpels Videospiele gezockt. Irgendwann gegen zwei war er schließlich aufgebrochen und durch die Winternacht heimwärts geschlendert. Seine Eineinhalb-Zimmer-Bude hatte ihn frostig empfangen. Da half alles nichts, er musste den Kachelofen anheizen, wenn er den Rest der Nacht nicht mit Eisgebilden an den Ohren verbringen wollte. Also schaufelte er ein paar Kohlen ins Ofenloch und fachte das Feuer mit drei Holzscheiten an. Nach fünf Minuten übermannte ihn die Müdigkeit und er schloss die Ofenklappen. Klar, eigentlich brauchte der Ofen mindestens eine halbe Stunde, um warm zu werden. So hatte es sein Opa gepredigt. Aber sein Opa musste ja auch nicht diese halbe Stunde mit Streichhölzern zwischen den Augenlidern verbringen. Der Ofen würde schon irgendwie arbeiten… Maik wankte zur Schlafcouch und wühlte sich angekleidet unter die Decke. Nur eine Minute später schnarchte er wie ein Sägewerk auf Hochtouren.
Plötzlich wachte er auf, ohne zu wissen, was ihn geweckt hatte oder wie spät es war. Seine Ohren klingelten. Ansonsten hörte er nichts, so als hätte man ihn in ein schalldichtes Zimmer gesperrt. Er öffnete die Augen und sah nichts. Also tastete er sich zum Lichtschalter durch und knipste das Licht an. Und sah immer noch nichts. Merkwürdig. Die Luft war eigenartig schwer und kratzte in seiner Kehle. Er begann zu hüsteln wie ein höflicher Aristokrat. Dabei versuchte er fatalerweise Luft zu holen, verschluckte sich und wurden von einem brachialen Hustenanfall übermannt, der ihn auf die Knie warf. Dort unten war es genauso dunkel. Zur Sicherheit blieb er in Bodennähe und robbte auf allen Vieren zur Haustür. Seine letzte Hoffnung war die Hausflur-

beleuchtung. Die funktionierte tatsächlich! Im schwachen Schein der Lampe sah er die Bescherung: Seine Wohnung war ein schwarzes Loch. Das gesamte Mobiliar war mit einer soliden Rußschicht überzogen und überall waberten undurchdringliche Rauchschwaden. Besonders dort, wo sein Kachelofen stand. Maik sah genauer hin und verbesserte sich: gestanden hatte. Aus knallgastechnischen Gründen hatte der Ofen es für gut befunden zu explodieren. Die gekachelte Krone hatte einen Sprung getan und lag quer auf einem surrealistisch verformten Gebilde. Opa hatte Recht behalten.

Kachelöfen haben im weitesten Sinne etwas mit unserer Redewendung zu tun. Insofern, als dass sie „ein Werk von Menschenhänden" sind. Genau wie jene Götzen, die der Verfasser des 115. Psalms beschrieb. Aber da hören die Gemeinsamkeiten auch schon auf. Denn während ein ordentlich behandelter Kachelofen wohlige Wärme (und klimaschädliche Gase) abgibt, waren die Götzen schlicht und ergreifend nutzlos. Äußerlich perfekt, mit Augen, Nase, Mund, Ohren, Händen und Füßen. Aber leider außer Betrieb. So wie Freund Maik, der trotz seiner Augen nichts sah und trotz seiner Ohren nichts hörte. Bei den Götzen war das allerdings Dauerzustand.
Zwar gibt's auch heute Ethno-Freaks, die sich geschnitzte Götzen aus dem Pauschalurlaub mitbringen und ins Wohnzimmer stellen. Aber sie erwarten bestimmt nicht, dass die Holzmaske mit ihnen das Haushaltsbudget des nächsten Monats bespricht.
Seine Probleme berät man nicht mit einem Kachelofen, sondern logischerweise mit einem denkenden und fühlenden Wesen. Warum nicht mit dem Macher des Denkens und Fühlens? Der möchte wissen, wie es uns geht, sozusagen von Gott zu Mensch. Und wenn wir mit ihm sprechen, brauchen wir auch nicht zu befürchten, dass uns dabei Hören und Sehen vergeht.

Du wirst dich noch umgucken!
Zur Salzsäule erstarren

**„Aber seine Frau sah sich hinter ihm um;
da wurde sie zu einer Salzsäule."**
1. Mose 19,26

Ich würde meine alte Schule nicht unbedingt als Sodom und Gomorra bezeichnen. Zwar rochen sowohl Chemiekabinett als auch Heizungskeller mitsamt Essenausgabe und Schulklo nach Feuer, Schwefel und anderen reizvollen Ingredienzien. Aber im Gegensatz zu den unheilvollen Städten stand das alte Gemäuer unzerstört in der Landschaft. Weshalb ich trotzdem an Salzsäulen denke, sobald die massive Lehranstalt durch meine Erinnerung rumpelt, hängt mit einer Person zusammen: dem Hausmeister. Ein Mann, pädagogisch wie eine Backpfeife.
In den Wintermonaten stand der vierschrötige Kohlenschipper allmorgendlich als Fels in der Brandung der heranströmenden Schüler. Und während wir Kinder mehr oder weniger freiwillig das Schultor passierten, ließ er die Augen über die Menge schweifen. Wehe dem, der vergaß, seine Pudelmütze oder Schapka noch vor dem Tor vom Kopf zu ziehen. Unausweichlich riss der Hausmeister einem die Kopfbedeckung vom Schopf, während er mit grollender Stimme polterte: „Mütze ab im Schulhaus!"
Wenn mir das geschah, erstarrte ich regelmäßig zur Salzsäule. Und versprach mir mit lautloser Stimme: „Der wird sich noch umgucken!", während ich bewegungs- und sprachlos nach meiner Mützen schielte, die der gute Mann triumphierend über meinem Kopf schwenkte. Mal abgesehen davon, dass ich bis heute nicht dahintergekommen bin, aus welchem Grund es der Schulleitung so wichtig war, dass man nur barhäuptig durchs Treppenhaus turnte (bestand die Gefahr der Hirnüberhitzung?) – eines steht fest: Umgeguckt hat sich mein Hausmeister nie.

Sowohl das „sich noch umgucken" als auch die sprichwörtlich gewordene Salzsäule gehen auf die Ereignisse um die Zerstörung von Sodom und Gomorra zurück. Folgt man traditionellen Datierungen, dann trug sich dieses Ereignis wahrscheinlich um 2000-und-ein-paar-Jahrzehnte vor Christus zu.
Gott hatte beschlossen, den Schwesterstädten ein Ende zu bereiten, weil ihre Bosheit unerträglich geworden war. Nicht einmal 10 Gerechte fanden sich dort. Einzig und allein Lot, der Neffe Abrahams, wurde mit seiner Familie gerettet.
In einem nächtlichen Abenteuer schleppten zwei Engel ihn, seine Frau und seine beiden Töchter an den Händen aus Sodom heraus. Dort bekam Lot von Gott die Weisung: „Flieh! Dreh dich nicht um und bleibe nicht stehen!"
Sie blieben nicht stehen. Als die Sonne über der Ebene aufging, regneten Feuer und Schwefel auf die Städte herunter und zerstörten sie für immer. In diesem Moment sah sich Lots Frau um und starb.

Wir erfahren nicht einmal ihren Namen. Was kein Zufall ist: Indem sie Gottes Anordnung missachtete, machte sie sich selbst zur historischen Randbemerkung. Bleibt die Frage: Warum in aller Welt nur hat sie sich umgedreht? War es simple Neugier? Ich glaube, es steckt mehr dahinter. Anstatt nach vorn zu schauen, blickte sie zurück auf das längst zum Scheitern Verurteilte. Vielleicht sogar mit einer gewissen Wehmut. Und machte sich selbst, obwohl fast gerettet, zum Teil des Gerichts.
Ziemlich blöde Sache. Wer von uns will schon als unbeweglicher, festgefahrener Klotz enden? Gegenfrage: Warum können wir uns oft trotzdem nicht von unseren vermeintlichen Sicherheiten lösen? Ich bin kein Anhänger simpler Patentlösungen. Hier präsentiere ich trotzdem eine:
Wenn ich heute dem vertraue, der gestern, heute und in Ewigkeit derselbe ist, dann kann ich mich getrost von meinem Gestern lösen und brauche auch keine Angst davor haben, mich morgen umgucken zu müssen.

Kein großes Licht sein

„Ihr seid das Licht der Welt; eine Stadt, die oben auf einem Berge liegt, kann nicht verborgen sein.“
Matthäus 5,14

Auch ich kam eines Tages in das Alter, in welchem Halbwüchsige mit leuchtenden Augen von der eigenen Flebbe träumen (für alle des Slang-Deutschen nicht mächtigen: die Flebbe ist ein Ausweispapier im Allgemeinen und der Mopedführerschein im Besonderen). Mopedführerschein hatte ich schon. Doch für nur 15 Mark der DDR konnte ich die Erweiterung fürs Motorrad erwerben.
Weshalb der Hausmeister meiner Schule erneut in mein Leben trat. Der war nebenberuflich nämlich auch Herr über eine Herde Eisenschweine. So wurde liebevoll die zweirädrige ES 150 genannt, auf der ich meine ersten Runden über den Schulhof ritt. Und weil das ohne größere Unfälle glückte, fand ich mich bald mit einem L auf dem Rücken und schweißnassen Händen zum ersten Mal im echten Straßenverkehr wieder. Leider war mein Gefährt nicht ganz verlässlich. Der vordere Scheinwerfer war nicht nur kein großes Licht; nein, er leuchtete überhaupt nicht. Mein fahrlehrender Hausmeister tat das mit einem Schulterzucken ab. Ich wusste nichts zu sagen.
Mir fiel auch nichts ein, als ich eine halbe Stunde später in eine Polizeikontrolle geriet. Ich glaube zwar, dass es ein Rekord ist, schon in der ersten Fahrstunde von den "Freunden und Helfern" angehalten zu werden. Gratuliert haben sie trotzdem nicht. Ein Polizist meinte nur: „Schick deinen Fahrlehrer her, wir haben ein paar Worte zu wechseln.“
Der hatte hundert Meter die Straße runter angehalten. Ich schaffte es, ohne abzuwürgen anzufahren und stoppte hinter ihm. „Die Polizei will Sie sehen!“ sprach ich und deutete nach hinten. Der Hauswart folgte mit den Augen meinem Handzeichen und fuhr los, aber in die andere Richtung. Was blieb mir übrig als zu folgen?

In mir rotierten Blaulichter und jaulten die Sirenen. In Realität aber wurden wir nicht verfolgt. Sofort nach unserer Rückkehr reparierte der Fahrlehrer den Scheinwerfer. War zwar keine große Leuchte, aber immerhin! (Ich spreche vom Scheinwerfer.)

Damals, als Jesus Christus sagte, dass seine Jünger das Licht dieser Welt sind, ging es nicht im Geringsten darum, ob sie sich gegenseitig für große Leuchten hielten. Im Gegenteil, wann immer sie voreinander glänzen wollten und ihr eigenes Image aufpolierten, machte ihnen der Meister klar, dass sie von sich aus nur trübe Funzeln waren. Erst Gottes Licht brachte sie wirklich zum Strahlen.
Das ist bis heute so geblieben. Eine Öllampe braucht Öl, um leuchten zu können, eine Kerze Bienenwachs, eine chinesische Taschenlampe einen Schlag auf die Seite. Und Gottes Bodenpersonal braucht die Energie von oben.

Aus diesem Grund entzieht sich das Licht-der-Welt-Sein auch völlig meinem Belieben. Ich kann es nicht einfach abstellen und trällern:

„Heut bin ich total unerlöst.
Heut lasse ich die Sau raus!
Und während ich sie schlacht' und röst',
knips ich mein eL-De-We aus."

Selbst wenn mein Glas total verrußt ist und ich nur noch funzele: Ich bleibe Licht der Welt. Vielleicht ein schlechtes. Aber auch das kann wieder gereinigt werden.

Und wenn demnächst mal wieder einer behauptet, dass ich kein großes Licht bin, dann will ich zufrieden sein. Denn der Blitzmerker hat den wichtigsten Fakt übersehen: Auch ein kleines Licht leuchtet. Es kommt nicht darauf an, ob ich Leuchtturm, Straßenlaterne oder Schwibbogen bin, sondern darauf, dass ich im Dunkeln scheine.

Der Antichrist

„Kinder, es ist die letzte Stunde, und wie ihr gehört habt, dass der Antichrist kommt, so sind auch jetzt viele Antichristen aufgetreten…“
1. Johannes 2,18

Über den Antichristen ist innerhalb der letzten zweitausend Jahre eine Menge gesagt und geschrieben worden. Wahrscheinlich, weil das Thema so mystisch, rätselhaft und angenehm gruselig scheint. Besonders um die beiden Jahrtausendwenden herum wurde die Figur immer wieder aufs Tapet gebracht. So, als könne der Antichrist nur in Tausenderschritten zählen. Sogar Hollywood hatte ihn kurz vorm letzten Millennium für sich entdeckt und theologisch fragwürdig, aber dafür mit viel Action etliche Male in Szene gesetzt.
Die Meinungen gehen auseinander: Für die einen ist er nur ein altertümlicher Mythos und liegt in einer Preisklasse mit Baba Jaga, Mister Hyde oder Fantomas. Eine Art Schwarzer Mann für Fromme.
Andere glaubten ihn schon längst identifiziert zu haben: Kaiser Nero soll es gewesen sein. Eventuell der eine oder andere Papst. Möglicherweise auch Schurken wie Hitler oder Stalin.
Friedrich Nietzsche, der Mann mit dem überdimensionalen Schnurrbart, sah den Antichristen sehr viel positiver: als eine Art Superhelden, der endlich die „Sklavenmoral des Christentums“ abgestreift hatte. Nun gut, er behauptete auch, sein eigenes Werk wäre „das tiefste Buch, das die Menschheit besitzt.“ Was zwar von einem unbändigen Drang nach Selbstbestätigung zeugt, aber nicht gerade von Realitätssinn.

Ganz abgesehen davon, wie alle möglichen großen und kleinen Geister den Antichristen beurteilen; stichhaltiger ist, was der Namenserfinder sagt. Geprägt wurde die Bezeichnung vom Apostel Johannes in seinen Briefen, auch wenn die so betitelte Gestalt unter verschiedenen anderen Namen schon vorher im Alten und Neuen Testament erwähnt wird. Übrigens bedeutet die Vorsilbe „anti“ in diesem Fall gar nicht „gegen“ – als handele es sich um einen teuflischen Widerstandskämpfer,

sondern „anstatt". Gemeint ist also jemand, der sich an die Stelle von Christus setzen will.
Dem Antichristen begegnen wir laut Johannes auf zwei Ebenen. Da ist zum einen „Der Antichrist" – im Singular. Eben jener, den manche Leute immer wieder in ihrem historischen Umfeld zu erkennen glaubten. Der Nachäffer des Christus, den der Teufel als letzte große Verführung auf die Menschheit loslässt. Eine Zehntausend-Watt-Lichtgestalt, sowohl politisch als auch religiös. Letztendlich aber doch nur ein falscher Fuffziger, der am Ende tief fallen muss. Ausführlich beschrieben im letzten Buch der Bibel, der Offenbarung des Johannes.
Darüber hinaus gibt es da noch „Die Antichristen" – im Plural. Rein äußerlich sind das nette, fromme Leute. Mit einem Schönheitsfehler: Seit dem Beginn der Kirche versuchen sie, die Menschwerdung, das Sterben und die Auferstehung von Jesus Christus zu relativieren, seine Worte und Wunder wegzuerklären und ihn letztendlich von seinem Platz zu verdrängen und durch ein Zerrbild zu ersetzen. Aus diesem Grund schreibt Johannes mit Nachdruck: „Sie sind nicht von uns, auch wenn sie sich in unseren Kreisen bewegt haben." Mag sein, dass diese Zeitgenossen sämtliche fromme Posen draufhaben. Es sind trotzdem nur billige Trickbetrüger. Was sie jedoch auch heute nicht daran hindert, große Worte zu schwingen. Sie leben von geborgter Zeit...
Johannes war kein verbohrter Fanatiker, der jedem ein antichristliches Etikett ans Revers hängte, der nicht seiner Facon folgte. Er war vielmehr ein scharfsichtiger Beobachter, der nicht zulassen wollte, dass seine „Kindlein" jeder synkretistischen Mode hinterherliefen. Dafür sollten auch wir uns zu schade sein. Denn am Ende der Zeit wird der echte, der Herr Jesus Christus kommen und den Verführer durch den Hauch seines Mundes aus der Existenz befördern. Schlechte Zeiten für falsche Christusse.

Da ist der Tod im Topf!

„Und da sie es ausschütteten für die Männer, zu essen, und sie von dem Gemüse aßen, schrien sie und sprachen: O Mann Gottes, der Tod im Topf! denn sie konnten es nicht essen."
2. Könige 4,40

James B. ist mal wieder am Sterben. Ein Bösewicht mit ulkigem Namen, schlechten Zähnen und unterirdischem Geheimlabor hat ihm ein erlesenes aber vergiftetes Hors-d'œuvre serviert. Da ist der Tod im Topf. Dem Agenten bleiben noch sieben Minuten, um sich selbst (über dem das Damoklesschwert hängt), die schöne junge Frau (die von der Decke hängt) und die Welt (die am seidenen Faden hängt) zu retten. Natürlich meistert er die Aufgabe mit Bravour, schnippelt die Schöne ab, demoliert den Unterschlupf mit heftigen Explosionen und injiziert sich sieben Sekunden vorm Dahinscheiden das Antiserum, dass er vorher schnell noch aus einer tödlichen Spinne gemolken hat. Gefahr neutralisiert, alles im grünen Bereich.

Wäre doch nett, wenn jede Bedrängnis so einfach von der geschätzten Doppelnull bewältigt werden könnte. Aber wenn im wirklichen Leben wirkliche Leute gegen wirkliche Wände laufen – wenn also der Tod im Topf ist – dann wäre auch unser Frackträger recht oft am Ende seiner Geheimwaffen.
Überlassen wir daher den eleganten Spezialagenten dem Reich der Fiktion und gehen dem Topf auf den Grund. Dazu müssen wir in eine Zeit um das Jahr 850 v. Chr. reisen und den Propheten Elisa in Israel besuchen. Damals war es groß in Mode, als Verkünder göttlicher Botschaften in WGs zusammenzuleben. Und so finden wir Elisa in Gilgal zu Besuch in einer Prophetenkommune. Es herrschte ein Hungersnot und das Essen war knapp. Man suchte sich für die Küche zusammen, was Wald und Wiese so hergaben.
Mag sein, dass die Propheten echte Profis waren, wenn es um Visionen ging. Ihr botanisches Wissen war eher kümmerlich. Sie rissen alles ab,

was nur im Entferntesten nach „Frucht“ aussah. Unter anderem auch grüngelbliche, faustgroße Kürbisse. Rein in den Pott damit.
Das Problem trat alsbald zutage, als die Prophetenschüler gemeinsam den Brei auslöffelten. Schon nach dem ersten Mundvoll hatten sie einen bitteren Geschmack auf der Zunge und Krämpfe im Bauch, die sie zu Ausdruckstänzen animierten. Und außerdem zu dem bekannten Ausspruch.
Dabei war nicht zwangsläufig der Tod im Topfe. Sondern Citrullus colocynthis, eine Melonenart, besser bekannt als Koloquinte, ein effizientes und äußerst rabiates Abführmittel. Damit ist die Angelegenheit aber weder fäkalisiert noch ad absurdum geführt.
Hätten die Hungrigen weiter den Löffel geschwungen, hätte sie selbigen alsbald abgeben müssen. Eine Überdosis Koloquinten beendet nicht nur Botanikerkarrieren. Glücklicherweise bedurfte niemand der Heilung – wenn man mal vom Brei absieht. Und um den kümmerte sich Elisa persönlich.
Der Prophet nahm die lamentierende Kommune und ihr Püreeproblem ernst. Er warf ein paar Handvoll Mehl in den Kessel. Zwar wird dieses Mittel noch heute von zahllosen Hausmännern und –frauen zum Neutralisieren kulinarischer Missgeschicke verwendet, aber mit deutlich weniger Erfolg. Der prophetische Brei jedenfalls war nach Elisas wunderbarem Eingreifen hundertprozentig genießbar.
Ich glaube, der tödliche Topf präsentiert auch uns eine bittere Pille. Wie oft benehmen wir uns hartherzig, wenn wir – ach so objektiv – die Probleme unserer Mitmenschen in große und kleine einteilen. Für die Koloquintenesser ging es damals ganz subjektiv um Leben und Tod, auch wenn sie in Realität nur von Topfguckern zu Topfhockern mutiert wären. Sie hatten dennoch eine echte Sterbensangst. Gut, dass damals ein Elisa da war, der ihnen, wenn auch nicht Öl auf die Wunden, so doch Mehl in den Topf schüttete.

Jemandem die Leviten lesen

„Und der Herr rief Mose und redete mit ihm aus dem Zelt der Begegnung…“
Levitikus 1,1

„Guten Tag. Papiere und Zulassung bitte! – So! Was haben wir denn falsch gemacht?“ Der Polizist am Straßenrand hatte zwar ein höfliches Lächeln auf den Lippen, doch seine Augen blitzten stahlhart. Fritz wurde zwei Zentimeter kleiner hinter seinem Lenkrad. Er reichte seine Papiere rüber und fragte: „War ich zu schnell?“ – „Nein, das war es nicht. Denken Sie mal genauer nach.“ „Mmh. Hätte ich eventuell blinken müssen?“

Das Lächeln des Ordnungshüters verschwand und seine Stimme wurde lauter: „Ich will Ihnen mal auf die Sprünge helfen: Erstens: Eine Mitgliedskarte im Angelverein berechtigt sie nicht zum Fahrzeugführen. Zweitens: Ein Bollerwagen ist wirklich kein geeigneter Anhänger, um eine Kuh zu transportieren. Selbst wenn Sie dem Tier ein rotes Fähnchen an die Hörner gebunden haben. Drittens: Ein Kennzeichen, das mit grünem Filzstift auf ein Stück Pappe geschrieben ist und „DER BOSS“ lautet, können wir auch nicht akzeptieren. Und überhaupt: Mit einem fahrbaren Rasenmäher haben sie nichts auf einer Autobahn verloren.“

Blenden wir uns langsam aus der Verkehrsbelehrung aus. Wir können auch so sicher sein: Fritz bekam die Leviten gelesen, dass es sich gewaschen hatte! Mit anderen Worten: er wurde nachdrücklich zur Rede gestellt. Höchstwahrscheinlich wurden ihm sämtliche missachtete Regeln und Richtlinien der Straßenverkehrsordnung erläutert. Das gesammelte Gesetz sozusagen.

Das Gesetz ist es auch, welches die Verbindung zwischen unserer Redewendung und dem 3. Buch Mose herstellt. Denn dieses biblische Buch, oft auch „Levitikus“ genannt, ist Teil der Thora, des jüdischen Gesetzes. Wenn man's genau nimmt, werden die Leviten darin nur dreimal namentlich erwähnt. Das hielt jedoch die Übersetzer, die die lateinische Vulgata schufen, nicht davon ab, das Buch „Liber Leviticus“ zu nennen. Doch auch sie schrieben nur ab, und zwar von den Übersetzern der griechischen Version, der Septuaginta. Die hatten für das Buch den Titel „Leuitikon“ gewählt, was „die Leviten betreffend“ bedeutet.

Dieser Titel ist durchaus zutreffend, denn im 3. Mose geht es vor allem um die Tätigkeit der Angehörigen des Stammes Levi. Gewissermaßen eine Jobbeschreibung für Tempeldiener und Priester. Natürlich hatte der Tempeldienst auch auf den Rest des Volkes Israel tief greifende Auswirkungen. Im Buch Levitikus wurde vorgeschrieben, wie die Opfer im Einzelnen abzulaufen hatten. Die kultisch reinen und unreinen Tiere wurden aufgezählt. Es gab Grundsätze für Ehe und Keuschheit, für den Umgang mit dem Nachbarn, religiöse Feste, Gelübde, Abgaben und, und, und... Ziemlich viele Regeln für unseren heutigen Geschmack. Doch nichtsdestotrotz ein äußerst praktisches Buch.

Das fanden auch die benediktinischen Mönche, die den Buchtitel zur Redewendung machten. Schon seit dem 8. Jahrhundert gehörten zum Ordensleben verschiedene Andachtsübungen. Dabei wurde den Kuttenträgern oft auch aus Levitikus vorgelesen, woraus im Lauf der Jahrhunderte das Levitenlesen wurde. Wieder einmal ein Beispiel dafür, wie einer positiven Tradition im Volksmund ein negatives Vorzeichen verpasst wurde. Schade, dass die, die die, die die Leviten lesen, loben, meist selbst noch nie etwas über die Leviten gelesen haben.

Der Geist ist willig, aber das Fleisch ist schwach

„Wachet und betet, auf dass ihr nicht in Versuchung kommet; der Geist zwar ist willig, das Fleisch aber schwach."
Matthäus 26,41

Es wird erzählt, dass vor langer, langer Zeit, als elektronische Rechner noch die Größe von Kleinwagen hatten und ihre Ergebnisse auf verpixelten Schwarz-Weiß-Fernsehern präsentierten – dass zu jener Zeit in einem fernen Land ein Programmierer lebte, der an langen Abenden beim Licht einer Lavalampe auf seiner Tastatur herumtippte. Dieser Enthusiast hatte einen Traum. Er wollte sein eigenes Übersetzungsprogramm entwickeln. Dieses revolutionäre Programm sollte ganz selbstständig Texte aus dem biblischen Urtext in die englische Sprache übertragen. Und zwar nicht nur banal Wort für Wort. Nein, die Software sollte sogar den Sinn einer Aussage erkennen und den Satz dementsprechend grammatikalisch korrekt umformen. Der Programmierer war begeistert von den Fortschritten, die er machte.
Bis zu dem Augenblick, als sein Rechner übersetzte: *„...der Geist zwar ist willig, das Fleisch aber schwach."* Der Programmierer las das Ergebnis. Und wusste nicht, ob er grinsen oder greinen sollte. Sein Rechner hatte Folgendes verdolmetscht: *„Admittedly the whiskey is agreeable, but the meat isn't cooked through!" – „Zwar ist der Whiskey annehmbar, aber das Fleisch ist nicht durch!"* Ein echter Gourmet...

Als jener Satz zum ersten Mal gesprochen wurde, war das Essen schon eine ganze Weile vorbei. Und zwar nicht irgendein Essen, sondern das Abendmahl, das Jesus Christus mit seinen Jüngern in einem Obersaal in Jerusalem gehalten hatte. Danach waren die Männer vor die Stadt, zum Garten Gethsemane gegangen. Jesus war klar, dass es kein Abend wie jeder andere war. Während des Essens hatte er seinen Nachfolgern erklärt, dass einer der Zwölf ihn verraten würde. Er hatte von seiner Festnahme und sogar von seiner Auferstehung gesprochen. Das war

zu viel für die Jünger. Sie befanden sich in einem merkwürdigen halbwachen Zustand. Zwar konnten sie weder glauben noch verstehen, was er gesagt hatte. Doch gleichzeitig waren sie todtraurig darüber.
Als er sie deshalb aufforderte, im Garten mit ihm zu beten, schliefen sie ohne Ausnahme vor Niedergeschlagenheit und Verwirrung ein. Dreimal musste er sie wachrütteln und um Unterstützung bitten. Unter anderem mit den Worten von Geist und Fleisch. Leider ohne Erfolg! Denn schon war der Verräter Judas mit einer Horde Bewaffneter am Horizont zu sehen...

Wir zitieren den Spruch oft mit einem schiefen Grinsen, wenn sich wieder mal ein guter Vorsatz in Wohlgefallen aufgelöst hat, ganz nach dem Motto „Der Geist zwar ist willig, doch das Fleisch schmeckt zu gut". Doch es geht um viel mehr als titanische Diät-Schlachten. Jeder Lebensbereich ist von dem Dilemma betroffen. So sehr ich meine moralischen Muskeln auch anstrenge, der Rest meines Körpers hat meist andere Pläne. Die Versuchungen des Alltags sind stärker als meine guten Vorsätze.

Wie kann ich diesen Teufelskreis durchbrechen? Indem ich mein Leben durch härtere Gesetze reglementiere? Oder mich den Verlockungen einfach hingebe?
Jesus selbst empfahl eine andere Herangehensweise: nämlich zu wachen und zu beten. Damit ist nicht unbedingt gemeint, regelmäßig mit Gitarrenspielkreisen die Nacht zum Tage zu machen. Wachen ist vielmehr ein Lebensstil. Wenn ich wachsam bleibe, werde ich nicht Teil einer narkotisierten Gesellschaft, die sich mit Brot und Spielen abspeisen lässt. Ich behalte die Fähigkeit zu fragen – und mich in Frage zu stellen. Doch damit reiße ich das Ruder nicht herum. Erst im Gebet habe ich direkten Zugang zur Quelle der Weisheit und der Kraft – zu Gott selbst. Dieser Kontakt nach oben ist der alles entscheidende Faktor, der meine Hilflosigkeit in eine Möglichkeit verwandelt. Man stelle sich vor, was geschehen kann, wenn der Geist willig ist – und die Hilfe stark!

Ehre, wem Ehre gebühret

„Gebet allen, was ihnen gebührt: die Steuer, dem die Steuer, den Zoll, dem der Zoll, die Furcht, dem die Furcht, die Ehre, dem die Ehre gebührt."
Römer 13,7

Die unbequeme Wahrheit zuerst: Der moderne HDTV-schauende Durchschnittsbürger kann mit dem Konzept „Ehre" nicht mehr viel anfangen. Er denkt höchstens an ehrenvolle Filme und heroische Archetypen, die der Spezies „Soldat", „Indianer", „Samurai" oder „Musketier" angehören. Bürokraten zum Beispiel werden eher selten damit assoziiert. Nein, man denkt an den Helden, der von einer übergroßen gegnerischen Schar in die Ecke gedrängt und aus zweihundert Wunden blutend, mit letzter Kraft noch einmal seinen Dosenöffner zieht, den treuen Gefährten einen traurigen „Es-war-die-Sache-wert-Kumpels"-Blick zuwirft, um dann mit gezückter Klinge der Übermacht entgegen zu stürmen und dabei zu brüllen: „Für die Ehre!" Weshalb in der Folge die gegnerische Streitmacht den attackierenden Helden umzingelt, entwaffnet und festnimmt. Damit deren Oberbefehlshaber dem Gefangenen prüfend in die Augen schauen und entgegnen kann: „Ehre, wem Ehre gebühret!"
Ehre scheint heutzutage wie eine ausgebeulte Papiertüte zu sein. Keiner weiß so recht, was drin ist und definiert den Inhalt je nach Vorliebe oder Fantasie. Im Falle des Helden wäre Ehre also, in einer aussichtslosen Situation etwas Dummes zu tun. Kein Wunder, dass das Auswirkungen auf Ottonormalverbraucher hat. Wenn der nette Nachbar anerkennend ruft: „Ehre, wem Ehre gebührt!", zuckt man unangenehm berührt zusammen und fragt sich, ob es vielleicht eine Beleidigung war.

Schauen wir dem Urheber dieser Phrase über die Schulter. Wir befinden uns im Jahr 57 nach Christus. Paulus sitzt in Korinth bei einem

Becher Wein und diktiert seinem Schreiber Tertius ein Epistel an die Christen in Rom. Unter anderem auch den berühmten Ehrensatz.
Als er diesen Gedanken formulierte, dachte er sicherlich nicht daran, dass in den folgenden Jahrhunderten unzählige Laudatoren seine Aussage für Ehrungen aller Art gebrauchen würden. Dabei ging es dem Apostel gar nicht um den Überlebenskünstler, der gefeiert wird, weil er ohne Pausenbrot die Wüste Gobi durchquert hat. Er meinte auch nicht den bejubelten Schauspieler, der für seine aufwühlende Darstellung einer Randgruppe mit einem Filmpreis bedacht wird.
Nein, ausgerechnet der von uns allen so geliebte Staatsapparat hat zur Entstehung jenes Spruchs geführt. Komplett mit Regierungsriege, Jurisprudenz und bewaffneten Organen. Mit den Politikern, die von uns gewählt werden wollen, dem Kadi, vor den wir hoffentlich nicht gezerrt werden, den Beamten, die uns zum Lohnsteuerjahresausgleich verpflichten und den Politessen, die Knöllchen an uns verteilen. Ehre, wem Ehre gebührt!
Und warum dies? Es gibt eine ganz unprosaische Erklärung, von Paulus ein paar Sätze zuvor gesagt: Weil sämtliche staatliche Gewalt von Gott kommt.

Das muss erst einmal verdaut werden. Die da oben sind verordnet von ganz oben? Auch die Nulpen? So ist es. Auch wenn damit nicht gesagt ist, dass sie alles richtig machen. Oder dass alles stillschweigend akzeptiert werden muss. Aber das ist ein anderes Thema...
Man mache sich klar, dass man einem Diener Gottes (so der O-Ton von Paulus) gegenübersitzt, wenn man ein Formular beim Einwohnermeldeamt ausfüllt. Auch wenn der sich seines Status wahrscheinlich gar nicht bewusst ist. Und weil Paulus den Christen gleich im nächsten Satz nur eine Art Schulden zugesteht, nämlich die Schuldigkeit den Nächsten zu lieben, hat man die Lizenz zum Austeilen. Steuern, Zoll, Anerkennung und Respekt. Von Bodenpersonal zu Bodenpersonal.

Ein Buch mit sieben Siegeln

„Und ich sah in der Rechten dessen, der auf dem Throne saß, ein Buch, beschrieben inwendig und auswendig, mit sieben Siegeln versiegelt."
Offenbarung 5,1

Wer kennt sie nicht, diese kolossalen Durchblicker? Zeitgenossen, die immer mitreden können. Nichts ist ihnen zu hoch, nichts unverständlich. Sie sind so überzeugend und meist auch so von sich überzeugt, dass man sich nicht sicher ist, ob man sie bewundern oder voller Neid in den Allerwertesten treten möchte.
Nehmen wir zum Beispiel die Protagonisten von Jules Verne. Absolute Alleskönner. Nur mit einer zersplitterten Brille ausgerüstet und auf der Flucht vor dem Geheimen Orden des Ćevapčići, bauten sie auf einsamen Inseln lachgasbetriebene Flugboote. Die natürlich immer funktionierten! Nichts war diesen Generalisten unmöglich.
Als Halbwüchsiger marschierte ich allwöchentlich in die Stadtbücherei, um ein neues Buch meines Lieblings-Franzosen auszuleihen. Obwohl meine Realität ganz anders aussah: Wenn ich etwas bastelte, hatte ich am Ende kein Flugboot, sondern nur blutige Finger. Aus unerfindlichen Gründen waren auch die Naturgesetze nie mit meinen Erfindungen einverstanden.
Das lag wohl daran, dass ich zur weitaus größeren Fraktion dieses Planeten gehöre. Wir sind regelmäßig umgeben von mächtigen Geheimnissen, die wir nicht begreifen können. Uns sind sowohl manche Menschen als auch etliche Wissensgebiete verschlossen. Sprichwörtliche Bücher mit sieben Siegeln.

Immerhin weiß ich, dass das originale Buch mit den sieben Siegeln überhaupt kein Buch war. Sondern eine Schriftrolle.
Es war um das Jahr 95 herum. Der römische Kaiser Domitian hatte den Apostel Johannes wegen seines Glaubens auf die kleine Mittelmeerinsel Patmos verbannt. Genau dort hatte der alte Mann eine Vision, die uns im Buch der Offenbarung aufgeschrieben wurde. Unter all den

zahllosen Dingen, die er damals sah, war auch jene Rolle. Sie befand sich an der exponiertesten Stelle im Universum: Im Himmel. Auf dem göttlichen Thron. In Gottes rechter Hand.
Ohne Übertreibung kann man diese Rolle als das geheimnisvollste Dokument des Universums bezeichnen. Wahrscheinlich versiegelt von Gott selbst; und zwar gleich siebenmal. In der Bibel ist das die Zahl der Vollkommenheit. Sie spricht nicht nur vom vollkommenen Inhalt der Rolle, sondern auch von ihrer vollkommenen Undurchdringlichkeit.
Da lag auch das Problem! Keine Kreatur hatte die Macht, die Siegel aufzubrechen oder auch nur die Rolle anzuschauen. Alle Sphären waren durchsucht worden, aber da war niemand.
Wirklich niemand?
Doch. Einen gab es, der die Rolle öffnen konnte. Der „Löwe aus dem Stamm Juda" – der wahre Mensch und wahre Gott Jesus Christus. Er zerbrach ein Siegel nach dem anderen und setzte damit die unglaublichsten Ereignisse in Gang...

Jetzt wissen wir zwar, warum C. S. Lewis den Löwen Aslan zum Herrn von Narnia gemacht hat. Aber wir haben immer noch keine Ahnung, was in der Buchrolle steht. Spekuliert haben zwar viele, aber gelesen hat darin kein Mensch, allen Hypothesen zum Trotz.
Aber gerade darum geht es doch!
Wo steht denn geschrieben, dass wir alles wissen müssen? Der Mythos von der totalen Erkenntnisfähigkeit des Menschen ist nichts als ein Strohhalm für Gottesleugner. Denn das Gegenteil ist der Fall: Wir erkennen nur stückweise. Hauptsache, die richtigen Stücke sind dabei.
Ich gehe davon aus, dass mir in meinem Leben weiterhin zahllose Dinge und Menschen unverständlich sein werden. Doch es beruhigt mich ungemein, dass ich das Wichtigste begriffen habe: Ich habe den auf meiner Seite, für den es wirklich kein Buch mit sieben Siegeln gibt.

Adams Apfel, Evas Kostüm und das solitäre Feigenblatt

„Und die Frau sah, dass der Baum gut zur Speise und dass er eine Lust für die Augen und dass der Baum begehrenswert war, um Einsicht zu geben; und sie nahm von seiner Frucht und aß, und sie gab auch ihrem Mann bei ihr, und er aß. Da wurden ihrer beider Augen aufgetan, und sie erkannten, dass sie nackt waren; und sie hefteten Feigenblätter zusammen und machten sich Schurze."
1. Mose 3,6.7

Blättert man durch die Geschichte von Herrn Erde und Frau Leben (besser bekannt als Adam und Eva), dann kann man sich kaum retten vor Begriffen, die ein redewendisches Eigenleben entwickelt haben. Sogar, wenn man die alte Schlange und die verbotene Frucht noch beiseite lässt.
Da ist zum Beispiel das sprichwörtlich gewordene Adams- oder Evaskostüm. Nachdem die beiden erschaffen worden waren, spazierten sie absolut scham- und hüllenlos durch den Garten Eden. Nicht nur, weil das Wetter so angenehm und ihr Kleiderschrank leer war. Obwohl auch das Gründe gewesen sein mögen. Vor allem war ihre Nacktheit das äußere Zeichen eines grenzenlosen Vertrauens zueinander und zu Gott. Sie genierten sich nicht. Allerdings nur solange, bis Eva und Adam die Frucht vom Baum der Erkenntnis aßen. Zum ersten Mal in ihrem Leben fühlten sie Angst. Und Scham.

Womit wir zum Feigenblatt kommen. In unserem Sprachgebrauch ein Euphemismus für ein dürftiges Argument. Wenn – sagen wir mal – der Heinz beim Umzug seiner Nachbarn einen einzigen Blumentopf zum Möbelwagen trägt, um im Gegenzug ein paar belegte Brote plus Bier abzustauben, dann ist das offensichtlich nur ein Feigenblatt!
Erstmals illustriert von den körperbetonten Malern des Mittelalters. Die gestanden den beiden Nackedeis jeweils nur ein dürftiges Blättchen zu, welches entgegen den Gesetzen der Schwerkraft vor den äußeren

Geschlechtsorganen herumschwebte. Interessanterweise auch bei Darstellungen vor dem Sündenfall. In Wahrheit entlaubten Adam und Eva wohl eher einen ganzen Baum, als sie die Feigenblätter zu Schurzen zusammenhefteten und sich vor Gott versteckten...
Niemand kann diesem Schamgefühl entrinnen. Egal, ob ein Mensch inmitten einer Volksgruppe aufwächst, die praktisch nackt lebt. Egal ob er in der angeblich zivilisierten Welt im Nudistencamp Urlaub macht. Spätestens in der Pubertät – und meist schon früher – kommt bei jedem Menschen auch die Scham vor der Nacktheit zum Vorschein. Eine angeborene Erinnerung an jenes erste Mal, als der Mensch seine Unabhängigkeit von Gott ausleben wollte – und scheiterte.

Damit kommen wir zum Objekt der Begierde, dem mysteriösen Apfel. Wegen dieses Früchtchens nannten unsere fantasiereichen Vorfahren das Stückchen Schildknorpel, das beim pubertären Jüngling aus dem Hals hervorwächst, den „Adamsapfel". Weil Adam angeblich der Bissen im Hals stecken blieb, als Gott ihn ertappte.
Lassen wir diese Behauptung kurz unkommentiert und staunen erst einmal darüber, dass aus dem Adamsapfel beinahe eine Adamsbanane geworden wäre. Auch dieses tropische Obst wurde anno dazumal mit der Erkenntnisfrucht gleichgesetzt, weshalb die Banane damals „Paradiesfeige" oder eben „Adamsapfel" genannt wurde.
Und was hing nun am Baum der Erkenntnis, Apfelsine oder Pampelmuse? Fakt ist, dass wir keinen blassen Schimmer haben, welche Frucht am Baum der Erkenntnis baumelte. Apfel und Banane geben wohl Vitamine, aber sicher keine Erkenntnis des Guten und Bösen.
In einem hat die Adamsapfel-Erklärung jedoch Recht: Dieser Bissen ist der Menschheit im Hals stecken geblieben.

Die verbotene Frucht

„Und Gott, der Herr gebot dem Menschen und sprach: Von jedem Baume des Gartens darfst du nach Belieben essen; aber von dem Baum der Erkenntnis des Guten und des Bösen sollst du nicht essen; denn welches Tages du davon isst, wirst du des Todes sterben."
1. Mose 2,16.17

Seit einem Dreivierteljahr kam der Zivi Zacharias zum Zweck der Hauswirtschaftshilfe in Frau Meyers Wohnung. Fast jeden Tag. Und jedes Mal gab es dieselbe Routine. Er ließ sich selbst in den Flur, klopfte an die Wohnzimmertür, öffnete und grüßte überschwänglich und überlaut: „Wie geht es Ihnen denn heute, Frau Meyer?"
Die schwerhörige Frau, die auf ihrem zum Bett umgebauten Sofa thronte, schaute ihn durch fischglasdicke Brillengläser an und fragte kämpferisch: „Wer sind Sie? Und was machen Sie hier?"
Und er erklärte es täglich neu. Mittlerweile kannte er seine Sätze auswendig. Auch die Erwiderungen von Frau Meyer. „Was wollen Sie denn heute zu Mittag essen?" „Lassen Sie mich nachdenken. Hm. Wissen Sie worauf ich wirklich Lust hätte? Eine Suppe!" Sie hatte jeden Tag auf eine Suppe Lust. Schade nur, dass die Tiefkühlkost vor allem aus Kalbsgeschnetzeltem in Rahmsoße bestand. Mit Spätzle. Zivi Zacharias leistete täglich vergebliche Überzeugungsarbeit. Sie wollte Suppe.
Aber nicht nur die. Ebenso regelmäßig fragte Frau Meyer: „Können Sie nicht beim Bäcker vorbeigehen und mir eine Zimtschnecke und ein Stück Mohnkuchen holen?" Doch auch sämtliche süße Teilchen waren absolut tabu, da die arme Frau zusätzlich zu ihren anderen Gebrechen auch noch schwere Diabetikerin war. Weshalb der wackere Zivi erwiderte: „Frau Meyer, das darf ich nicht. Das sind verbotene Früchte!"
„Ach, ich verrat Sie schon nicht! Hol'n Sie sich doch auch ein Stück..."
Und obwohl er nie für sie zum Bäcker marschierte: Auf mysteriöse Weise fand das Zuckerwerk immer wieder seinen Weg in die Wohnung. Was eine weitere Routinereaktion auslöste: Zu hohe Zuckerwerte, eine Standpauke vom Hausarzt. Und Frau Meyers Beschwerde: „Ich würde

wirklich gern wissen, wer mir die Sachen hier untergejubelt hat. Die wissen doch alle, dass ich das nicht essen darf!“

Mit verbotenen Früchten hat die Menschheit seit ihrer Erschaffung gekämpft. Und ziemlich oft verloren. Die allererste hing am Baum der Erkenntnis des Guten und Bösen. Und Eva stand davor und starrte sehnsüchtig auf das Obst. Sie und ihr Mann hatten im wahrsten Sinne des Wortes Hunderte andere Früchte zur freien Auswahl. Von A wie Apfel bis Z wie Zitrone. Doch diese eine verbotene Frucht hatte scheinbar mehr Anziehungskraft als alle anderen zusammengenommen. Warum nur?

Zunächst einmal lief Eva schlicht und einfach das Wasser im Mund zusammen, ihre Sinneszellen arbeiteten Sonderschichten. Zum zweiten sah die Frucht auch vom ästhetischen Standpunkt einfach perfekt aus. Und drittens schien es ziemlich genial zu sein, mit einem einzigen Bissen in eine neue Welt der Erkenntnis vorzudringen. Diesen drei Versuchungen konnte Eva nicht widerstehen. Also pflückte sie eine Frucht, aß davon und gab auch ihrer gar nicht besseren Hälfte Adam. Der hatte scheinbar die ganze Zeit mit aufgerissenen Glupschaugen verlangend neben ihr gestanden.

Aber warum war die verbotene Frucht überhaupt verboten?

Zunächst einmal: Adam und Eva hatten die Freiheit, buchstäblich alles zu tun, was sie sich vorstellen konnten. Das gibt zwei sündlosen Geschöpfen durchaus eine Menge Spielraum. Der Zugriff auf einen einzigen Baum war ihnen verwehrt. Würden die Menschen darauf vertrauen, dass ihr Ebenbild Gott es trotzdem gut mit ihnen meinte? Scheinbar nicht.

Ich sehe den Hauptgrund für das Verbot darin, dass die Frucht nicht gut für die Beiden war. Genauso wie Schaumgebäck einem Diabetiker nicht guttut. Oder ein Seitensprung einer Ehe. Manche Früchte müssen verboten sein.

Im Dunkeln tappen

„...und wirst tappen am Mittag, wie ein Blinder tappt im Dunkeln; und wirst auf deinem Wege kein Glück haben; und wirst Gewalt und Unrecht leiden müssen dein Leben lang, und niemand wird dir helfen.“
5. Mose 28,29

Der kölsche Komödiant Willi Millowitsch spielte in einem Schwank einen schelmischen Lebemann. Nach einer Wirtshausschlägerei kam er leicht angetüdelt und mitten in der Nacht heim. In der Garderobe ließ er Hut und Überzieher fallen und stolperte aus den Schuhen. Auf leisen Socken und in völliger Dunkelheit stieg er die Treppe zum Schlafzimmer hinauf. Alles, um die Frau Gemahlin nicht zu wecken. Doch schon nach zwei Schritten im oberen Stockwerk fiel dem gewitzten Männeken ein, dass gerade die Bauarbeiter das Haus renovierten und deshalb an einigen Stellen Löcher im Fußboden klafften. Vorsichtig zog er seinen Spazierstock unterm Arm hervor und tastete behutsam vor sich den Boden ab. Doch was für ein Schreck: Da war nichts! Er tastete nach rechts. Nichts! Nach links. Leere Luft. Der kalte Angstschweiß trat auf seine Stirn. Er stand in der Schwärze der Nacht auf einem Dachbalken und wagte nicht, sich auch nur einen Schritt zu bewegen. Bis zum Morgengrauen harrte der arme Tropf aus. Und stellte im fahlen Licht der Dämmerung fest: Sein Spazierstock war ihm bei der Rauferei abgebrochen...

Diese Anekdote ist eine nette Illustration dafür, was es bedeutet, im Dunkeln zu tappen: Keine Anhaltspunkte, keine Orientierung, keine Ahnung. Allein, nur von Schwärze umgeben.
So war es auch im Original gemeint: Mose stand an der Grenze zum verheißenen Land. Um ihn versammelt sein Vermächtnis: das Volk Israel, welches er vierzig Jahre geführt hatte. Sein Leben ging zu Ende. Deshalb erklärte er den zwölf Stämmen ein letztes Mal die Alternativen. Sie konnten wählen: Segen oder Fluch. Wollten sie in Gottes Ordnungen leben und auf der ersten Sahne surfen? Oder wollten sie

diesen Bund brechen, fremden Götzen nachtanzen und letztendlich auf dem Zahnfleisch kriechen?
Das ganzes 28. Kapitel des fünften Mosebuches beschreibt in tausend Details die Auswirkungen beider Entscheidungen. Interessanterweise gibt es gerade 14 Verse zum Segen, jedoch satte 55 über den Fluch. Einer davon ist der übers „Im Dunkeln tappen." Warum diese ausführliche Schilderung im Stil von „200 Methoden, mit dem Kopf gegen die Wand zu rennen"? Ist Gott ein Sklaventreiber, der mit Zuckerbrot und Peitsche arbeitet?
Mitnichten. Mose beschreibt als ehrlicher Makler lediglich die Konsequenzen beider Alternativen. Die Entscheidung überlässt er den Zuhörern.
Dabei macht der alte Mann aber auch klar, dass es bei der Wahl „Segen oder Fluch" um mehr geht als eine Eisdielenentscheidung à la „Stracciatella oder Kirsch?" Es geht darum, entweder im Licht zu leben oder im Dunkeln zu tappen.
Wie unmodern! Etwas schwarz oder weiß zu nennen, ist heutzutage beinahe obszön. Wenn der Zuhörer gnädig ist, geht's noch als „undifferenzierte Betrachtung" durch. Wenn nicht, wird man zum Fundamentalisten abgestempelt.
Der Homo politicus correctus entschuldigt sich damit, dass wir in einer fein nuancierten Welt voller Grauzonen leben. Mit abgebrochenen Maßstäben tastet man herum und findet keinen Grund. Wahrheitssucher sind nicht mehr die weisen Leute von einst, sondern die Hofnarren unserer Tage. Wenn man sie nicht marginalisiert, dann lacht man bestenfalls über sie. Und tappt weiter im Dunkeln.

Seine Worte auf die Goldwaage legen

„Die unnützen Wäscher plaudern, was nicht zur Sache dient. Die Weisen aber wägen ihre Worte mit der Goldwaage."
Jesus Sirach 21,27

Regelmäßig fand im hiesigen Gemeindezentrum die Schlemihl-Konferenz statt. Auch in diesem Jahr waren hunderte Teilnehmer gekommen. Die meisten Konferenzbesucher verhielten sich so, wie man es von Konferenzbesuchern erwartet: ständig auf der Suche nach Inspiration und einer Tasse Kaffee. Aber es gab auch einige Zeitgenossen, die anders aussahen: mit gemessenem Gang und weltentrücktem Blick flanierten sie durch die Flure, als hätten man ihnen eine Mischung aus Inspiration und Kräutertee intravenös injiziert.
Zum Beispiel Friedhold. Obwohl er nicht zu den geladenen Rednern gehörte, schwallte er den gesamten Vormittag das Parkett zu. Sinnentleert und selbstherrlich. Die Toleranz seiner Tischnachbarn wurde auf eine harte Probe gestellt. Sie zeigte deutliche Risse, als Friedhold auch während der Mittagspause seine Umgebung zwangsunterhielt. Der Gipfel wurde erreicht, als er gerade sein Dessert mit einem Klecks Puddingsoße übergoss und dabei monologisierte: „Seit ich dem irdischem Wandel abgeschworen habe, schwebt mein Leben in gelassener Sanftmut."
Friedholds linker Nachbarn hatte seit Stunden Scrabble auf der Goldwaage gespielt und nach einer passenden Entgegnung gesucht. Jetzt reichte es ihm. Entschlossen griff er nach der Soßenkanne, goss ihren Inhalt über Friedholds Kopf und wünschte: „Fröhliche Sanftmut!"
Für den Bruchteil einer Sekunde schien die Welt anzuhalten. Dann aber startete unter der Puddingsoße ein bedrohliches Grollen, das gefährlich anschwoll bis es in einer emotionalen Explosion endete, die jeden Vulkanausbruch in den Schatten stellte. Soviel zum Thema „gelassene Sanftmut".

Die Weisen mögen darüber streiten, ob der Soßenangriff weise war. Friedholds Gerede war es ganz sicher nicht. Er hätte seine Worte wohl besser auf die Goldwaage legen sollen. Übrigens ist dieses Messgerät im Originaltext gar nicht enthalten. Dort steht, dass weise Leute ihre Worte „wohl abwiegen." Erst Martin Luther hat die Goldwaage in seiner Übersetzung des Verses hinzugefügt, um die Aussage besser zu verdeutlichen.
In unseren Tagen hat die Redewendung einen negativen Beigeschmack bekommen. Jemand, der jedes Wort auf die Goldwaage legt, ist pedantisch und hypersensibel. Vor allem aber nervt solch ein Typ gewaltig! Und weil unsere Gesellschaft die Plaudertaschen liebt, wird weiterhin zu viel geredet und zu wenig gesagt. Dabei sehnt sich die Menschheit nach ein paar Goldnuggets unter all dem Schutt - und findet meist doch nur Worthülsen und leere Phrasen.
Wir haben die Goldwaage nötiger denn je. Mit ihr wird nicht zuerst die Menge der Worte gewogen, sondern deren Gehalt. Und da kann man es mit der Angst zu tun bekommen in einer Gesellschaft, deren Credo lautet: „Woher soll ich wissen, was ich denke, ehe ich höre, was ich sagen werden?" Ein solcher Umgang mit Worten ist in etwa genauso verantwortungsbewusst, wie mit verbundenen Augen Auto zu fahren. Denn Worte haben Macht: Sie können verschleiern, manipulieren, verletzen und lächerlich machen.
Und sie können auch dem Guten dienen. Nichts anderes bedeutet es, sie auf die Goldwaage zu legen.
Es geht überhaupt nicht darum, dass jeder von uns gesprochene Satz gleich nobelpreiswürdig ist. Nichts gegen Kaffeekränzchen und Kalauer. Selbst Small Talk wird wertvoll, wenn er nicht nur Stille mit Geräusch füllt, sondern sich für den anderen interessiert. Es ist das Ziel der Rede, das über Wert oder Wertlosigkeit entscheidet.
Schweigen mag Gold sein. Ausgewogenes Reden noch viel mehr.

Ein Dorn im Auge sein

„Wenn ihr aber die Bewohner des Landes nicht vor euch austreibt, so werden diejenigen, welche ihr von ihnen übriglasst, zu Dornen in euren Augen und zu Stacheln in euren Seiten werden, und sie werden euch bedrängen in dem Lande, in welchem ihr wohnt."
4. Mose 33,55

Dorn im Auge? Autsch! Es tut schon weh, sich diesen Spruch nur vorzustellen! Als Film wäre er wegen expliziter Gewaltdarstellung wahrscheinlich erst ab 18 Jahren zugelassen. Schwächen wir also unsere Vorstellungskraft einfach ab und imaginieren im P-6-Stil eines Italo-Sandalen-Epos. Diese Filme, in denen mit schöner Regelmäßigkeit ein vollbärtiger, dauergewellter Muskelmann im engen Lendenschurz Pappmaché-Felsen durch die Luft schleuderte.
Film ab! Die Kamera nähert aus der Luft einem Gewirr von Büschen und Bäumen. Viel Sonne, noch mehr Steine. Wir zoomen näher heran und sehen einen Mann im Beduinenlook, der durchs Dickicht streift. Anscheinend ist er auf der Jagd, denn er trägt den halb gespannten Bogen mit Pfeil im Anschlag. Eine sonore Erzählerstimme schaltet sich ein und erklärt uns, dass es sich bei besagtem Menschen um Josaphat ben Ahilud handelt, ein aus Ägyptenland ausgezogener Israelit auf dem Weg ins Gelobte Land.
Noch ist alles okey-dokey. Allerdings ist J.b.A. nicht ganz bei der Sache. Die Szene verschwimmt zu einer Rückblende in ausgewaschenen goldenen Farbtönen. Der Jäger träumt der guten alten Zeit bei den Fleischtöpfen nach. Allerdings nicht mehr lange.
Denn urplötzlich sind wir zurück im Gestrüpp. Wir sehen die Großaufnahme eines Dornenzweigs, untermalt von gefahrdräuenden Streichern. Großaufnahme vom träumerischen Gesicht des Jägers. Danach stakkatoartige Bildschnitte: Ein Stein bröckelt unter der rechten Sandale. Der Mann taumelt. Die Kamera fährt rasant auf einen Stachel zu. Ein Schrei. Wild wogende Zweige. Mit beiden Händen vorm Gesicht

bricht der arme Mann aus dem Gestrüpp ins Freie. Zwischen seinen Fingern schaut das angeklebte Corpus Delicti hervor. – Schnitt!

Wahrscheinlich ging manche Hand unwillkürlich ans Auge, damals, als Mose diese stacheligen Worte verkündete. Das Volk lagerte am Jordan, gegenüber der Stadt Jericho, der ersten Stadt im Land Kanaan. Wie ein Trainer vorm Endspiel machte Mose den Leuten noch einmal klar, was vor ihnen lag. Auch die Konsequenzen eines möglichen Versagens.
Und plötzlich spürt auch der moderne Leser einen spitzen Fremdkörper in der Hornhaut seines inneren Auges. Denn in dem Bibelvers aus Numeri geht es mindestens um die Vertreibung, wenn nicht sogar um die Ausrottung ganzer Stämme. Was kann man dazu aus heutiger Perspektive sagen? „Blutrünstiger Gott“ schimpfen die einen. „Blutrünstiges Kanaan“ erklären die anderen und verweisen auf Kinderopfer für den Gott Moloch. Beide Herangehensweisen erscheinen mir nicht adäquat - weder herablassende Verurteilung noch wortreiche Rechtfertigung. Für Ersteres fehlt uns Menschen – und zwar jedem von uns – die moralische Legitimation. Für Zweites auch.
Akzeptiert man, dass ein souveräner Gott die Menschen geschaffen hat und dass dieser Gott seine Geschöpfe souverän beurteilt, dann schließt diese Erkenntnis manch großes Maul. Selbst das meine. Wir haben nicht das nötige Format, um uns selbst zum Richter aufzuschwingen. Dieser Job ist schon vergeben. Anstatt also Gott oder Kanaan auf die Anklagebank zu zerren, wäre es nützlicher, einmal darüber nachzudenken, was der Dorn im Auge uns selbst zu sagen hat.
Vielleicht dies: Für **zwei** Herrscher ist in **einem** Leben kein Platz. Man kann nicht Gott dienen und dem Mammon, oder dem Moloch, oder dem Mich-Meins-Mir-Gefühl. Jeder, der solch ein Doppel versucht, hinkt auf beiden Seiten. Synkretismus ist nicht nur tragikomisch, sondern auf lange Sicht ein Dorn im Auge. Der tut mordsmäßig weh, raubt die Orientierung und macht handlungsunfähig.
Gott will keine halben Sachen. Sondern mich, ganz.

Wer andern eine Grube gräbt, fällt selbst hinein

„Wer andern eine Grube gräbt, fällt selbst hinein, und wer einen Stein hoch wälzt, auf den rollt er zurück."
Sprüche 26,27

„Donnernder Abfluss", Häuptling der Kiowa, war auf dem Kriegspfad. Er wollte einen Siedler-Wagenzug überfallen. Aus Rache für irgendetwas, das zwar dem Häuptling immens wichtig war, für diese Zeilen aber total bedeutungslos ist. Und sämtliche Siedler skalpieren. Schlechte Aussichten also für die pausbackigen deutschen Kolonisten auf dem Weg zum Settlement „New Zwickau".
Doch wie der Zufall – beziehungsweise Karl May – es wollte, ritten auch der unvergleichliche Winnetou und sein Blutsbruder Old Shatterhand durch die Gegend. Aufmerksam, wie die beiden generell waren, fanden sie sowohl Karrenspuren als auch Indianerfährten. Weshalb sie sich im Schutz der Dunkelheit an das Kiowa-Lager heranschlichen, von den Überfallplänen erfuhren und mit einem Parforce-Ritt das Siedlerlager erreichten. Gerade noch rechtzeitig, um die Angelegenheit für die Siedler klären. Und zwar mit List. Also sprach Old Shatterhand: „Mein Bruder Winnetou! Der Häuptling ‚Donnernder Abfluss' will den Siedlern eine Grube graben..." – „...aber wir werden dafür sorgen, dass er selbst hinein fällt! Howgh!", setzte Winnetou entschieden fort.
Unsere Helden brauchten eine Karl-May-Standard-Situation: Eine schmale Schlucht, von unbesteigbaren Felsen umgeben, mit zwei engen Ausgängen. Solch einen Engpass gab es gleich um die Ecke. So wie jedes Mal. Allein Karl May weiß, warum.
Der Rest war Routine: Siedler verstecken, Spuren verwischen, die leeren Planwagen durch die Schlucht rumpeln und von den Indianern überfallen lassen. Welche in der Folge ziemlich dumm aus der Wäsche guckten. Weil ihre ganze Clique ganz allein von der alten Shatterhand und Winnetou nebst Henrystutzen und Silberbüchse in Schach gehalten wurde. Am Ende gab's Frieden für alle. Nur irgendein Erzbösewicht

stürzte mit hohlem Schrei vom Felsen, als er gerade bösartigen Verrat üben wollte. New Zwickau, wir kommen.

Der Spruch von der Grube ist eines der bekanntesten deutschen Sprichworte überhaupt. Er stammt ja auch von einem der bekanntesten Sentenzendichter, nämlich vom König Salomo persönlich.
Dass der Satz auch heute noch in aller Munde ist, liegt übrigens am jüdischen König Hiskia. Der lebte mehr als 200 Jahre nach Salomo und hatte eine Idee: Es wäre doch prima, wenn die Sinnsprüche des weisen Monarchen nicht in Vergessenheit geraten würden. Weshalb Hiskia einen königlichen Befehl gab, in dessen Folge einige seiner Männer sich durch Berge von Schriftrollen wühlen durften. Das Ergebnis ihrer Kollektion findet man in den Kapiteln 25 bis 29 der Sprüche, inklusive der Gruben-Graber-Gnome. Womit nicht die sieben Zwerge gemeint sind. Das Wörtchen „Gnome" ist femininen Geschlechts, bezeichnet einen lehrhaften Sinnspruch und kommt aus dem Griechischen. Doch genug des gefährlichen Halbwissens!

Es scheint, als hätte Salomo ein gerütteltes Maß über die Bosheit der Menschen zu sagen gehabt. In der Umgebung der Fallgrube findet sich eine regelrechte Menagerie unangenehmer Zeitgenossen - wahrscheinlich von Hiskias Gelehrten thematisch angeordnet. Da sind die Ohrenbläser, die nur sagen, was gern gehört wird; die Lügner, die mit ihrer Unwahrheit Menschen zermalmen; die gehässigen Betrüger und die unbedarften Faulpelze. Nicht dass unsere heutigen Zeiten viel besser wären... Dafür hatte Salomo ein glückliches Ende im Blick. Er war davon überzeugt, dass diese Herrschaften nur von geborgter Zeit lebten und schließlich in die eigene Grube fallen würden.
Eine Bemerkung am Rande: Eigentlich hat der König seinen Spruch als gemischtes Doppel kreiert. Neben der Grube gibt es noch den Stein, der auf seinen Wälzer zurückrollt. Merkwürdigerweise ist diese Hälfte nicht sehr bekannt geworden.
Wir graben wohl lieber.

Hochmut kommt vor dem Fall

„Wer zugrunde gehen soll, der wird zuvor stolz; und Hochmut kommt vor dem Fall."
Sprüche 16,18

„Sieh es doch ein! Ich bin stylish. Das merkt man an meinem Auftreten. An meinen geschmackvollen Klamotten. An meinem überlegenen Blick. Zwischen mir und dem Rest liegen Welten. Sogar Universen!"
Mit einer grazilen Bewegung schob sich Ron eine seiner widerspenstigen (aber ebenfalls stylishen) Strähnen aus der Stirn. „Weißt du, hier oben ist die Luft ziemlich dünn. Da ist nur Platz für die Besten der Besten der Besten. Und deshalb steh ich hier. Souverän und unabhäääääääääää..."
Mit diesem unartikulierten (und überhaupt nicht stilvollen) Schrei stürzte Ron, besser bekannt als Ronny-Rad-ab vom Zehnmeterbrett des städtischen Freibads.
Nicht ganz freiwillig. Ohrring-Olli war das Geschwafel auf den Geist gegangen, weshalb er der Plaudertasche einen ordentlichen Schubs gegeben hatte. Die restlichen Mitglieder der Sonnenbrand-Gang standen mit hochgereckten Köpfen am Beckenrand und johlten aus voller Kehle, während sie den tiefen Fall ihres Kumpels bewunderten.
Wie in Zeitlupe strampelten Ronnys spillerige Beine in den übergroßen, kakelbunten Shorts. Und auch der Rest seines mageren Teenagerkörpers vollführte diverse Verrenkungen, während er der Wasseroberfläche entgegen flog. Mit einem lauten Klatschen verschwand er in einer Wasserfontäne. Zwei Sekunden später kam sein Kopf prustend nach oben. Einen Moment danach auch seine Shorts. Zwei Meter von ihm entfernt.
Und Ohrring-Ollie wandte sich in einer stylishen Drehung ab, und murmelte „Hochmut kommt vor dem Fall!"

Der prägnante Satz findet sich zum ersten Mal in den Sprüchen Salomos, geschrieben vom weisen König mit den vielen Frauen (was in

sich ein Paradox ist. Nun ja, niemand ist perfekt.) In jedem Fall war die Sentenz so griffig, dass sie wortwörtlich bis in unsere Tage erhalten blieb. Logischerweise ging es dem König nicht um den Köpper vom Zehner. Aber worum dann?
Wenn man es grammatikalisch betrachtet, dann kommt Hochmut vor dem Dativ. Dem dritten Fall. Und wem dieser Kalauer spanisch vorkommt, der sollte es mit Latein versuchen. In der Vulgata, der lateinischen Übersetzung des Alten Testaments, lautet der Vers nämlich: "Ante ruinam exaltatur spiritus." In frei rumpelnder Übersetzung: Vorm Ruin kommt ein überhöhter Geist.
Mit diesem Sprichwort gibt Salomo einen todsicheren Tipp für Typen, die sich selbst zugrunde richten wollen. Hochmut ist eben nicht ein besonders hoher Mut. Sondern der tragische Irrtum, mehr von sich zu denken, als einem zukommt. Das klingt unmodern in einer Welt der unbegrenzten Möglichkeiten; in der man alles erreichen kann, wenn man es nur will. Vom Tellerwäscher zum Millennium Bug.
Sicherlich, Stolz kann begründet sein. In der Menschheitsgeschichte gab es immer wieder außergewöhnliche Erfindungen, die das Herz höher schlagen lassen: Das Rad. Penizillin. Die Luft- und Raumfahrt. Pommes Frites mit Ketchup und Mayo.
Aber auch begründeter Stolz kann den Charakter verändern und zu katastrophalen Fehleinschätzungen führen. Zum Beispiel zu jener, dass der Mensch das Maß aller Dinge sei. Dabei ist er maximal das Maß aller Unwägbarkeit. Nicht umsonst schreibt der Realist Paulus: „Wer sich rühmt, der rühme sich des Herrn."
Was soll dieser Schlag in die moralische Magengrube? Darf Mensch nur noch im Staub buckeln, sich die Haare raufen und Minderwertigkeitskomplexe schieben? Keinesfalls. Er sollte nur in seiner Hybris nicht vergessen, von wem Kreativität, Kraft und Vision kommt. Das Balancieren auf eigenen Errungenschaften ist ein brüchiger Weg. Gut, wenn man beim Absturz dann in die Arme eines liebenden Vaters fällt.

Sein Licht unter den Scheffel stellen

„Man zündet auch nicht ein Licht an und setzt es unter einen Scheffel, sondern auf einen Leuchter; so leuchtet es allen, die im Hause sind.“
Matthäus 5,15

Da war dieser junge Mann. Nennen wir ihn Maik. Er mochte Handys, Videospiele und Grillen. Nicht die Insekten, sondern die Fleischbrutzelei. Leider hatte er absolut keine Ahnung, wie man das machte. Doch er hatte noch nie sein Licht unter den Scheffel gestellt. Selbst wenn er's besser hätte tun sollen.
Deshalb borgte er sich den Grill eines Nachbarn und baute das Gerät im Gärtchen hinterm Haus auf. Holzkohle rein. Streichholz angezündet. Aber so sehr Maik das flammenden Hölzchen auch an die Kohlen hielt, sie wollten einfach nicht Feuer fangen. Weshalb der experimentierfreudige Knabe zu stärkeren Mitteln griff und einen Zehnliterkanister Benzin heranschleppte. Weil er nicht gleichzeitig gießen und zündeln konnte, zerknüllte er einen Werbeprospekt, setzte die Papierkugel in Brand und warf sie auf die Kohle. Dann hob er den vollen Kanister hoch und begann mit Schwung zu kippen.
Sämtliche Scheffel der Welt hätten nicht ausgereicht, die riesige Flamme zu verdecken. Eine gewaltige Feuerfontäne wuchs aus dem Metallkasten empor, die sogar einem Beobachter im dritten Stock noch die Augenbrauen versengt hätte. Zum Glück hatte sich im Inneren des Kanisters kein Knallgas gebildet. Deshalb fiel Maik der Behälter aus den Händen, ohne zusätzlich in Tausend Stücke zu explodieren. Sonst hätte der große Experimentator wahrscheinlich mehr als nur ein paar Haare verloren. Scheffeln musste er an diesem Abend trotzdem noch, nämlich den vom Kraftstoff verseuchten Erdboden.

Scheffel sieht man in Zeiten des kiloweise verpackten Vollkornmehls nur noch selten. Es handelt sich dabei um ein schaufelartiges Gefäß, das früher als Getreidemaß verwendet wurde. Dabei war der Scheffel kein kleines Schippchen. Es gab ihn in diversen regionalen Größen.

Selbst der kleinste, der dänische maß mehr als 17 Liter. Der Dresdner Scheffel war sogar fast 104 Liter groß. Irgendwo dazwischen lagen der preußische und der Amsterdamer Scheffel. Nur die Bayern mussten eine Extrawurst braten. Sie nannten ihren Scheffel „Schäffel“ und ramschten damit ganze 222,36 Liter. Dafür konnten sie auch eine Menge Licht darunter stellen...

Im Allgemeinen drückt man mit dieser Redewendung heutzutage aus, dass eine Person ihre Fähigkeiten verbirgt, sei es aus Bescheidenheit, aus Faulheit oder weil die Qualifikationen gerade Urlaub machen.

Das meinte Jesus Christus allerdings nicht, als er den Vergleich seinen Jüngern vorlegte. Sie sollten ihr Licht nicht unter den Scheffel stellen, damit ihre guten Werke wirksam ausgeleuchtet würden. Wohlgemerkt: Die guten Taten an sich sind nicht das Licht. Wäre es so, dann wär' der Vollbringer humanitärer Großtaten ein blendendes Stadionflutlicht, und der Fünf-Euro-Spender nur eine Taschenlampe mit Wackelkontakt. Aber das ist falsch herum gedacht. Gottes Wertesystem funktioniert nicht so vordergründig.

Auch die frömmsten Gestalten sind nie Lichterzeuger. Das ist Gottes Job, er ist die Lichtquelle. Sein Bodenpersonal kann lediglich das göttliche Licht in die Dunkelheit reflektieren, als eine Art menschlicher Hohlspiegel. Das hört sich nicht sehr grandios an, befreit aber Gottes Leute von der Notwendigkeit, sich auf die eigene Schulter zu klopfen. Denn warum sollen schließlich wir unser Licht nicht unter den Scheffel stellen? Damit jeder Gottes Güte sehen kann und ihn in der Folge ver-Herr-licht, was nicht als „belobhudeln“ misszuverstehen ist. Nein, Gott will als Herr anerkannt werden.

Licht existiert nicht um seiner selbst willen.

Himmelhoch jauchzend

„Und alsbald war da bei dem Engel die Menge der himmlischen Heerscharen, die lobten Gott..."
Lukas 2,13

Zum Bibelgesprächsabend traf sich in Claudias Wohnung die typische Ansammlung mittelalter Junggebliebener. Es war noch ein paar Minuten Zeit bis zum offiziellen Beginn. Bei Erdnussflips und Tee wurde über dies und das geplaudert: den Familienaktionsplanschtag im Hallenbad und das neue südamerikanische Restaurant. Kalle, der diensthabende Gitarrero, saß in der Ecke und zupfte begeistert auf den Saiten herum. Alle fühlten sich behaglich. Bis Claudia auf die Uhr linste und mit Grabesstimme sagte: „Schön, dass ihr da seid. Fangen wir mal an!" Wie auf Bestellung erstarb das Erzählen und alle bemühen sich, andachtsvoll auszusehen. Die nächsten zweieinhalb Minuten war nur das Blättern im Liederbuch zu hören. Schließlich der lustlose Ruf von Marcel: „Hunder'zweiun'dreiß'ch." Neun Gestalten schlugen das Lied auf, hielten sich die Bücher sechs Zentimeter vor die Nasen und schmetterten den Text halbwegs melodisch zur Gitarrenbegleitung. Bis zum Refrain war alles normal, will sagen: eine unbewegliche Gruppe, aufgewühlt wie kalter Grießbrei. „Wir sind glück-lie-hiech, wir sind froh-ho-ho! Doch das war nicht immer so-ho-ho!" Die Blicke der Sänger richteten sich unbewusst auf Brigitte und Claudia. Die hatten plötzlich ein wildes Funkeln in ihren Augen und wibbelden erwartungsvoll auf ihren Stühlen herum. In der Atempause zwischen zweiter und dritter Liedzeile brach ein brachialer Jodler aus den beiden heraus: „Juchu!" Ein klirrender Ton, der sich wie ein Korkenzieher ins Trommelfell drehte und die Gläser auf dem Tisch vibrieren ließ. Michael, der zum ersten Mal dabei war, fiel fast vom Stuhl. In der Pause zwischen vierter und fünfter Liedzeile war er vorbereitet.

Fünf Strophen lang jauchzten die beiden Froh-Locken, als ständen sie unter Hochspannung. Doch kaum war letzte Ton verklungen, schaltete

Claudia genauso unvermutet zurück in ihren Sauertopf-Modus und fragte fröhlich wie ein Bestatter: „Hat jemand noch ein Lied?“

Es gibt begeisterungsfähige Menschen, die beschleunigen in 3,5 Sekunden von 0 auf 100. Himmelhoch jauchzend marschieren sie auf Wolken und sind überzeugt, die Welt mit einem Fingerschnippen aus den Fugen heben zu können. Allerdings nur, solange genug Hochgefühl im Tank ist. Und das ist leider ein sehr flüchtiges Elixier. Deshalb passiert es nicht selten, dass die Begeisterung sich in Nullkommanix in ein „zu Tode betrübt“ verwandelt. Nur ein weiterer Looping auf der Gefühlsachterbahn.

Den Ursprung des himmelhohen Jauchzens finden wir beim ersten Weihnachtsfest. Damals, vor reichlich 2000 Jahren, vibrierte der Nachthimmel jedoch nicht wegen einer schnelllebigen Euphorie. Die große Schar der Engel verkündete den erschrockenen Hirten eine andere Art Freude. Kein flüchtiger Kicheranfall, sondern eine froh machende Einmaligkeit, die bis in die Ewigkeit nachklingen würde. Der Retter der Welt war geboren.

Deshalb jubelten die himmlischen Heerscharen und lobten ihren Gott. Gleichzeitig erzählten sie den staunenden Hirten, was auf sie wartete: Gottes Frieden für alle Menschen, auf denen sein Gefallen ruht. Unverdient, unbezahlbar und deshalb geschenkt.

Göttlichen Frieden im Herzen zu haben, bedeutet aber auf keinen Fall, nur noch mit erlöstem Grinsen und unterdrückten Gefühlen durch die Gegend zu schleichen. Ganz im Gegenteil. Die Erfüllung, die aus diesem Frieden wächst, ist langlebiger als jeder Glückshormonschub. Und das sind doch gute Nachrichten, ganz egal, ob man ein kalter Fisch oder ein „Luja“-Rufer ist.

Für etwas wie geschaffen sein

„Und Gott schuf den Menschen in seinem Bilde, im Bilde Gottes schuf er ihn; als Mann und Frau schuf er sie."
1. Mose 1,27

Der Martin war ein Puzzle-Fanatiker. Er sprach das Wort übrigens nicht englisch „Passel" aus, sondern so wie's seiner Meinung nach richtig war, nämlich „Putzle". Und er liebte es zu putzeln. Tagaus, tagein klickte er in seiner Freizeit die lustig geformten Fragmente ineinander. Verstehen wir uns richtig. Nicht diese läppischen tausendteiligen Bildchen. Nein, die echten Herausforderungen. 5.000 Einzelteile. Minimum. Am besten mit einem halben Quadratmeter blauem Himmel. Plus Meereswellen. Martins Glanzleistung war das 10.000er Puzzle des Atomkraftwerks Niederweiler. Weißer Sichtbeton vor milchigem Himmel, mit wogenden Wasserdampfwolken (in Weiß), die aus weißen Kühltürmen hervorquollen. Hier war die Welt noch in Ordnung. Hier war das Ganze bloß die Summe seiner Teile. Und mehr nicht.
Obwohl, wenn er ganz ehrlich war, musste Martin sich eingestehen, dass er nicht ganz ehrlich war. Manchmal, nach langem Grübeln, wenn ein Teil sich einfach nicht einfügen wollte, machte er es passend. Mit der Nagelschere. Oder einem kleinen Holzhämmerchen. Was seinen Meisterwerken eine abstrakt abgenutzte Note gab.
Einmal, als er bei einem naturbelassenen Siebentausendfünfhunderter aus Birkenholz nicht weiterkam, schloss er sich sogar einen ganzen Nachmittag in seiner Werkstatt ein. Er packte die Laubsäge aus, schleifte, malerte und wachste.
Nur, um am Abend bei Kerzenschein mit einem fast sakralen Gefühl das Endprodukt seiner Basteleien mit den Fingerspitzen vorsichtig in die offene Stelle zu stippen. Befriedigt ließ Martin seinen Atem entweichen. Das Holzstückchen war wie geschaffen für die Lücke.

Wäre Selbstbetrug strafbar, würde ein nicht zu unterschätzender Teil der Bevölkerung vermutlich einsitzen. Meine Wenigkeit eingeschlossen. Allzu oft ist die Überzeugung, für etwas unausweichlich geschaffen zu sein, schlicht und ergreifend grundlos. Auch wenn noch so überzeugend behauptet wird, ausschließlich dieser eine Beruf käme in Frage. Interessanterweise ist „dieser eine Beruf“ meist Millionär, Model oder Musikstar. Seltener trifft man jemanden, der behauptet, für die Tätigkeit eines Straßenkehrers oder einer Klofrau geschaffen zu sein. Obwohl diese Berufe mindestens genauso ehrenvoll sind. Und meist noch viel nützlicher.

Die Frage, ob man für etwas (oder jemanden) wie geschaffen ist, führt unvermeidlich zur Frage der Vorherbestimmung. Existiert die? Etwas in uns wehrt sich gegen eine solche Vorstellung. Wir sind doch keine Puzzleteile, gemacht für genau eine Aufgabe und genau einen Platz im Universum. Genauso gut könnte man behaupten, dass Tomaten nur dafür geschaffen sind, Ketchup zu werden. Aber Tomatensalat ist auch ziemlich lecker. Nicht zu vergessen Tomatensoße. Manchmal gibt's eben mehrere Möglichkeiten.

Trotzdem singe ich das Loblied der Prädestination: Bloß weil wir zuweilen unsere Bestimmung nicht erkennen, bedeutet das noch lange nicht, dass wir keine hätten.

Nehmen wir die grundlegendste und älteste Bestimmung von allen; eine, die bei vielen gründlich in Vergessenheit geraten ist. Dazu müssen wir zurück zum Ursprung der Redewendung gehen. Nämlich zur Schöpfung. Damals, als Gott den Menschen formte, schuf er ihn in seinem Bild, als kreative Persönlichkeit mit freiem Willen. Nicht zu vergessen: mit einem herausfordernden Beruf, nämlich, einen ganzen Planeten mitsamt dessen Flora und Fauna zu verwalten. Aber das war nicht alles. „Bild Gottes“ bedeutet auch „Gottes Gegenüber“. Die Bestimmung des Menschen war – und ist – ein Leben in zeitloser Gemeinschaft mit seinem Schöpfer. Oder, wie wir es in Moses Niederschriften, Kapitel 3 lesen: Spazierengehen mit Gott.

Hört sich an wie eine merkwürdige Utopie? Sie war schon einmal real und wird wieder real werden. Wer will, kann dabei sein.

Schließlich sind wir dafür wie geschaffen!

So sicher, wie das Amen in der Kirche

„Denn so viele der Verheißungen Gottes sind, in ihm ist das Ja und in ihm das Amen, Gott zur Herrlichkeit durch uns.“
2. Korinther 1,20

Die kleine Stadt Gurgelhausen stand ganz im Zeichen des Wahlkampfes. Politische Parteien jeglicher Couleur hatten in der Fußgängerzone Sonnenschirme aufgespannt und Klapptische aufgestellt. Der Weg durch die Innenstadt glich einem Hindernisparcours. Die Fußgänger vermieden Blickkontakt mit den Kandidaten und versuchten, den Tischen unauffällig auszuweichen. Die Kandidaten wiederum warfen sich den ahnungslosen Passanten vor die Füße und brachten ihre Handzettel nebst kleinen Geschenke unters Volk.
Die Schwarzen verteilten langstielige Rosen, die Gelben leere Sparschweine, die Roten billigen Sekt, die Grünen heißen Kakao, die Linken heiße Luft, die Rechten chinesische Kugelschreiber mit der Aufschrift „Arbeit für Deutsche“.
So verschieden die üblichen Verdächtigen auch waren, eine Sache hatten sie gemeinsam: Ihre unglaublichen Versprechen. Die gesamte Bandbreite leerer Worthülsen war vertreten. Es wurde Vollbeschäftigung für alle versprochen. Wahlweise auch vollbezahlte Arbeitslosigkeit oder sechs Richtige im Lotto. Man proklamierte die Rente ab 70, 60 oder 25. Außerdem Sozialhilfe für Millionäre, Pappnasenpflicht und Kochtopfverbot. Und wem das noch nicht reichte, dem wurde die Verdoppelung der staatlichen Unterstützung versprochen - für Familien, Alleinerziehende und Garnichterziehende, wenn die geschätzte Wählerschaft nur die Partei XYZ auf dem Wahlzettel ankreuzen würde. Dann würden sämtliche Zusagen erfüllt. Das war so sicher wie das Amen in der Kirche!

Wenn man behauptet, dass ein Sachverhalt so sicher sei wie das Amen in der Kirche, dann will man seinem Gesprächspartner klar machen, dass es absolut keinen Zweifel daran gibt. Die Sache ist sicher. Punktum, Diskussion beendet.

Damit verbunden ist die etwas nebulöse Vorstellung, dass ein Gebet an sakralem Ort doch ohne Zweifel erhört werden müsste. Besonders, wenn's ganz ordentlich mit einem „Amen“ abgeschlossen wird. Das hebräische Wort bedeutet „Ja, gewiss!“ oder „So sei es!“ und wurde aus dem Judentum in die christliche Liturgie übernommen. Die Gemeinde konnte damit ihre Zustimmung zum Gebet oder zur Predigt ausdrücken.

Allerdings ist es so sicher wie das Amen in der Kirche, dass heutzutage kaum jemand diese Redewendung noch wörtlich meint. Wenn man es pragmatisch betrachtet, ist das Amen in der Kirche in etwa so sicher wie die staatliche Rente. Wer in der Hoffnung auf einen Lottogewinn unzählige Kerzen in einem Kirchlein anzündet, erreicht damit gar nichts – außer vielleicht romantische Stimmung. Der „Ich bete, also krieg ich's“-Automatismus ist wirklich unerhört; und zwar im doppelten Wortsinn.

Doch auch darüber hinaus gibt es viele Gebete, die aus ehrlichem Herzen kommen und trotzdem unerfüllt bleiben. Seien wir ehrlich: Die – übrigens oft aus dem Zusammenhang gerissene – Zusage von Jesus „Wer bittet, der empfängt“ gehört zum dünnsten Eis des christlichen Glaubens. So dünn, dass man in der Praxis auf dem Wasser wandeln muss, um sich keine nassen Füße zu holen. Und damit hatte bekanntlich schon Petrus seine Probleme.

Und trotzdem ist der Schritt aufs Wasser lohnenswert, sogar unumgänglich. Denn Gebet (und Gebetserhörung) haben grundlegend mit Vertrauen zu tun. Nicht mit dem Vertrauen in einen mehr oder weniger eleganten Sakralbau. Sondern mit dem Vertrauen in eine Person. In den Mann, der die Verheißungen Gottes zur Realität werden ließ.

Seine Verheißungen versprechen uns keinen komfortablen Erdaufenthalt um jeden Preis. Dafür aber ewiges Wohlbefinden für alle, die das Wagnis des Wasserwandelns eingehen. Und das ist wirklich so sicher wie Gottes „Ja und Amen“ zu uns.

Wer zuletzt lacht, lacht am besten

„Glückselig, die ihr jetzt hungert, denn ihr werdet gesättigt werden. Glückselig, die ihr jetzt weint, denn ihr werdet lachen."
Lukas 6,21

Der Stammtisch im „Friedenseck", der schäbigsten Kneipe der Stadt, war eng umlagert. Der Grund dafür war Paul. Seine Witze waren das Größte. Meinte er selbst jedenfalls.
„Sagt die Standesbeamtin zur frischgebackenen Mutter: ‚Meine liebe Frau Grube! Ich glaube wirklich, Sie sollten Ihre Tochter besser nicht Claire nennen!'"
Die gesamte Bierglas-haltende Mannschaft johlte. Bis auf Richard. Der saß mit unbewegter Miene auf seinem Stammplatz und sah aus, als hätte er den Mund voll Essig. Gerade setzte Paul zu einem weiteren langbärtigen Kalauer an, als Richard ihn unterbrach: „Ich hab' da mal 'ne Frage! Was ist am Namen Claire eigentlich lustig?" Alle Welt verdrehte die Augen.
Dabei hätte Richard laut Definition ausgesprochen glücklich sein müssen: Er lachte jedes Mal zuletzt. Nämlich immer erst dann, wenn sich eine freundliche Seele erbarmte und auch ihm den Witz erklärte.

In Wahrheit hat das Sprichwort vom Zuletzt-Lachen natürlich überhaupt nichts mit Spätzündern zu tun. Die lachen wirklich nicht am besten. Doch auch der moderne Gebrauch der Redewendung ist nicht gerade das Nonplusultra. Fast immer beschreiben wir damit das „Tom und Jerry"-Prinzip.
Diese beiden Trickfilmfiguren haben nur eine Daseinsberechtigung: Nämlich, einander das Leben unerträglich zu machen und sich gleichzeitig darüber zu amüsieren. Unsere Gesellschaft benimmt sich nicht viel besser. Der durchschnittliche ARTE-abonnierende und RTL2-guckende Zeitgenosse gebärdet sich, als ginge es im Leben vor allem darum, seinem Nächsten immer größere Holzhämmer über den Hirnkasten zu hauen und Dynamitstangen zwischen die Zähne zu stecken,

um dann am Ende schallend über die Explosion zu lachen. Natürlich nur streng sinnbildlich. Trotzdem ist jene Veranlagung so ausgeprägt, dass sogar das deutsche Wort „Schadenfreude“ seinen Eingang ins Amerikanische gefunden hat. Keiner unserer besseren Exporte.

Dabei war etwas ganz anderes gemeint, als Jesus in der Bergpredigt den scheinbaren Verlierern der Gesellschaft versprach, dass ihr Weinen ein Ende haben würde: In Gottes neuer Welt würden sie lachen. Mit diesen Worten kehrte Jesus Christus die angebliche Gesetzmäßigkeit vom Überleben des Stärkeren um und machte klar, dass himmlische Wertigkeiten anders aussehen. Wer heute ein breites Grinsen aufspannt, weil er sich ohne Rücksicht auf Verluste selbst verwirklicht, dem wird das Lachen genau einen Augenblick nach dem Ende der Zeit vergehen. Nämlich dann, wenn er Gottes Realität gegenübersteht. Das gilt aber auch andersherum: Wer heute knietief durchs Tränental watet und kein Licht am Ende des Tunnels sieht, für den wird spätestens dann eine ganzes Sonnensystem der Hoffnung aufleuchten.

Aber ist das nicht Jenseitsvertröstung?
Ja und Nein.
JA, weil dort in der Zeitlosigkeit der Ewigkeit tatsächlich die größte anzunehmende Feier stattfinden wird. Mit Gott als Gastgeber und seinen Leuten als Geladenen. Darunter darf man sich keine endlos langweilige Familienfeier mit Sachertorte und Blümchenkaffee bis zum Abwinken vorstellen, sondern ein infinites Feuerwerk der Kreativität und Erfüllung.
Gleichzeitig aber auch NEIN zur Jenseitsvertröstung. Denn die neue Welt, die in der Ewigkeit unsere Vorstellungskraft sprengen wird, hat mitten unter uns begonnen, überall dort, wo Menschen Jesus Christus beim Wort nehmen und ihm vertrauen. Wir sind nicht allein gelassen in einer aus den Fugen geratenen Welt. Stattdessen können wir aufatmen, und sei es auch manchmal unter Tränen: Ein unvorstellbares Morgen steht uns offen.

Die Haare stehen zu Berge

„Und da der Geist an mir vorüberging, standen mir die Haare zu Berge an meinem Leibe.“
Hiob 4,15

Ein kurzer Auszug aus dem berühmten Fachbuch von Dr. H. Ausfall „Über das aufgerichtete menschliche Haar“:
„...Bei grober Betrachtung lassen sich insbesondere vier Personengruppen identifizieren, die anfällig für das Aufstellen der Haare sind:
Erstens: Die Perzipienten eines unerwarteten Elektroschocks. Diese populäre Methode kann vor allem bei Weidezaun-anfassenden Wandersleuten, Flachbatterie-anleckenden Hobbybastlern oder in der Badewanne planschenden Föhnbenutzern beobachtet werden.
Abgesehen von diesen vor allem technisch motivierten Zeitgenossen gibt es zweitens: die eher legeren, aber dabei besonders wilden Haare-zu-Berge-Steher. Zu dieser Spezies gehören vielfach zerstreute Professoren, verschlafene Kopfkissenhorcher und herbstliche Cabriofahrer und Windsurfer, die besonders hart im Nehmen sind. Letztere erkennt man außerdem an den weißen Flächen rings um die Augen, wo üblicherweise die Sonnenbrille zu sitzen pflegt.
Drittens: Die Anwender chemischer Präparate, wie Haarspray, Gel, Wachs, Zuckerwasser, Bier und Eischaum. Bei ungezügelter Applikation eben erwähnter Produkte stehen die Locken besonders steil zu Berge. Egal ob es sich bei den Benutzern um grünhaarige Punks oder violett gefärbte ältere Damen handelt.
Viertens und letztens darf man in der Schar der gesträubten Haarschöpfe auch all jene nicht vergessen, die einen gehörigen Schreck bekommen, wenn sie unverhofft eine der oben beschriebenen Gestalten zu Gesicht bekommen.“

Genug des haarsträubenden Nonsens. Tatsache ist, dass schon von alters her das Aufstellen der Haare als Angstreaktion verstanden wurde. Und zwar nicht nur bei Hunden und Katzen. So überliefert es uns

zum Beispiel ein gewisser Elifas von Teman. Dem begegnen wir im Buch Hiob, einem der wahrscheinlich ältesten Bücher der Bibel. Elifas war einer von Hiobs Freunden. (Obwohl man mit solchen Freunden eigentlich keine Feinde mehr braucht.)
Hiob standen die Schwierigkeiten bis zur Oberkante Unterlippe. Gott hatte erlaubt, dass der Teufel ihm hart zusetzte. Zu sagen, dass es ihm nur schlecht ging, wäre eine totale Untertreibung. Er hatte alles verloren: Kinder, Reichtum, Gesundheit. Nur seine Frau war ihm geblieben. Und die lag ihm zeternd in den Ohren, als er in der Asche saß und sich mit Tonscherben seine Geschwüre kratzte.
In dieser Situation kamen seine Freunde. Erst, um eine ganze Woche lang schweigend sein Leid zu teilen; was an sich schon bemerkenswert ist! Dann aber hielten sie den Zeitpunkt für gekommen, um Hiob ordentlich die Leviten zu lesen. Und sie hatten eine Menge zu sagen: 34 von 42 Kapiteln des Buches bestehen aus den Klagen Hiobs und den ausführlichen Antworten seiner Freunde.
Schon während seiner ersten Rede war Elifas ordentlich in Fahrt. Er erzählte von einem nächtlichen Traum. Nicht irgendein Traum: Er hatte eine Geist-Erscheinung gesehen und die hatte ihm die Haare zu Berge stehen lassen. Für ihn nur ein weiterer Beweis, wie wichtig er war: Schließlich hatte er Visionen. Und damit einen heißen Draht in die spirituellen Welten! Und das würde er dem heruntergekommenen Hiob auch beweisen!! Dachte er.
Am Ende der Geschichte stehen Elifas wirklich die Haare zu Berge. Als ausgerechnet der schwächelnde Hiob Gott für das Leben seiner Freunde bitten soll. Denn der Allmächtige hat genug von den Haarspaltereien der Drei. Deshalb sind es auch nicht Schuldzuweisungen oder Bußübungen, die Hiob wieder auf die Füße stellen, sondern Gottes persönliches Eingreifen und Reden.
Und obwohl Hiob bis zuletzt nicht die Antwort auf die Frage nach dem „Warum“ bekommt: er lernt ein „Dennoch“ kennen. Egal, warum die Situation haarsträubend sein mag, Gott ist dennoch da. Nicht aufgrund von Hiobs Leistung, Frömmigkeit oder mustergültiger Treue sondern weil Gott pro Mensch ist.

Gift und Galle spucken

„...ihr Wein ist Drachengift und wütiger Ottern Galle.“
5. Mose 32,33

Jeder, der schon einmal in einem Mietshaus gewohnt hat, kennt sie: die nette, weißhaarige, zerbrechliche, steinalte Dame, die schon seit 1913 im Hochparterre wohnt. Wenn man einzieht, begrüßt sie einen mit zitternder Stimme und Wasser gefüllten Augen in der Mietergemeinschaft und beschwört harmonisches Zusammenleben und Frieden auf Erden. Doch wenn man genau hinhört, kann man schon in der blumigen Begrüßungsrede flüchtige Blicke auf bevorstehende Fußangeln erhaschen. Zum Beispiel, wenn sie erwähnt, dass man wirklich nicht viel Arbeit im Treppenhaus hat. Außer die wöchentliche Fensterreinigung, das Geländerwienern, den monatlichen Bilderwechsel und den Blumendienst im Halbtreppendschungel. Nicht zu vergessen das Kleinod der Treppenkultur, den „Cultus Vestibulum“: Jeden Samstag muss die Treppe gekehrt, gewischt und gebohnert werden.

Grau ist alle Theorie. Ernst wird es, wenn man erst einmal wirklich im Haus wohnt und am eigenen Leib erfährt, wie die gute Dame mit Argusaugen darüber wacht, dass kein Jota vom Hausreinemacheplan abgewichen wird. Besonders misstrauische Exemplare der Gattung streuen sogar mit bloßem Auge kaum wahrnehmbare Plastikspäne aus, um zu kontrollieren, ob der Wischlappen auch wirklich zur Anwendung kam.
Wehe, die Testkörperchen sind am Sonntagmorgen noch da! Denn dann verwandelt sich die nette, weißhaarige Dame plötzlich in einen Gift und Galle spuckenden Drachen der unüberwindlichen Kategorie. Selbst, wenn man sich um drei Uhr morgens ins Haus schleicht, die Nemesis des Reinigungsabstinenzlers lauert schon hinter ihrer angelehnten Tür. Völlig unerwartet springt sie mit rauchenden Nüstern in den Weg des Übeltäters und gießt über ihn ihre ätzende Verachtung aus. Dem geschockten Unsauberkeitsapostel bleibt nichts, als sich

stammelnd und mit gesenkten Augen in die vermeintliche Sicherheit seiner Wohnung zurückzuziehen und den Wischmob zu suchen. Oder umzuziehen.

Nun mag solch eine Erfahrung zwar unangenehm für den Gift-und-Galle-Empfänger sein, doch ist sie nachvollziehbar. Erdenbewohner sind immer wieder überraschend unorthodox in ihrer unangemessenen Unflätigkeit. Manchmal haben sie sogar einen Grund dafür...
Ursprünglich bezeichnete das ungenießbare Pärchen in der Bibel übrigens entweder Schlangengift oder bittere Kräuter. Eigentlich schwer vorstellbar, dass eine Person im Vollbesitz ihrer geistigen Fakultäten sich selbst einen Becher davon kredenzen würde, ganz nach dem Motto: „Bitter macht böse". Aber genau das behauptete Mose am Ende seines Lebens über das Volk Israel. In einem Lied – einer Art gesungener Predigt – beschrieb er einen fiktiven Prozess, in dem Gott wie ein Staatsanwalt gegen das Volk auftrat. Die Zuhörer bekamen aufs Butterbrot geschmiert, was für unverlässliche Konsorten sie bis zu jenem Tag gewesen waren und dass sich das auch in Zukunft nicht ändern würde.
Israel hatte den Vorwürfen nichts entgegenzusetzen. Sie waren schlicht und ergreifend wahr. Das Volk wollte modern sein und setzte lieber auf pflegeleichte Wegwerf-Götzen. Sichtbar, betastbar und selbstmontierbar. Aber indem sie diese Hilfsidole zusammenschusterten, schenkten sie sich selbst Gift und Galle ein; den Tod in kleinen Schlucken.
Daran hat sich bis heute nicht viel geändert. Man bastelt sich seine Überzeugungen je nach Bedarf zusammen. Die postmodernen Weltanschauungsbausätze sind problemlos miteinander kompatibel. Zur Besinnung kommt man erst, wenn das wackelige Gerüst unter den Füßen zusammenbricht und man unter den Trümmern begraben wird. Es lohnt nicht, auf billige Imitationen zu setzen.
Und auch wenn das eine bittere Pille für den von Gott unabhängigen Menschen ist, es ist heilsam, sie zu schlucken. Auf jeden Fall besser, als weiter den Seelen paralysierenden Longdrink aus Gift und Galle hinunterzugießen.

Ihr Name ist Legion *oder* Ihre Zahl ist Legion

„Und er fragte ihn: Was ist dein Name? Und er spricht zu ihm: Legion ist mein Name, denn wir sind viele.“
Markus 5,9

Frankreich in den Sechszehnzwanziger Jahren. Der Beinahe-Musketier d'Artagnan ist unterwegs für die Ehre der Königin, die wird nämlich den Bach runtergehen, wenn der junge Mann es nicht schafft, einen unermesslich wertvollen Brillantring aus dem königlichen Kaugummiautomaten wiederzuholen. Was der listige Kardinal Richelieu verhindern will und deshalb seine Garde ausgesandt hat. Und deren Zahl ist Legion.
D'Artagnan hat den Ring schon in der Tasche, als es in der obligatorischen Schenke zum obligatorischen Waffengang kommt. Er gegen dreißig Gegner. En Garde! Tische fallen, Stühle zersplittern, Fässer rollen, Kombattanten fliegen durch die Luft. Und auch das Mundwerk des Gascogners steht nicht still: „Mein Herr! Ist Er so schnell ermüdet? Ich wollt', Er föcht' manierlicher! Dabei ist's nur ein einz'ger Mann, der gegen Ihre ganze Clique ficht! Mir scheint's, Ihr habt die Fechterei mit Mistgabeln erlernt! Ach, föchten wir in ausgeglich'ner Stärke – mich deucht, Er braucht mehr Mannen. Ich hab's: Verbind' Er mir die Augen! Solch indisponiertes Regiment föcht' ich selbst noch nach nächtelanger Zecherei!“
Man sieht: D'Artagnan kann nicht nur den Degen schwingen, sondern auch konjugieren! Dem hat die Meute des Kardinals nichts entgegenzusetzen. Besinnungslos bleibt die Garde, über diversen Möbelstücken hängend, zurück, während der strahlende Held in geheimer Audienz seiner Königin den heiß ersehnten Reif überreicht und mit einem Kinogutschein für „Die drei Musketiere“ belohnt wird.

Wann immer ein halbwegs Gebildeter sich einer unüberschaubaren Menge von Menschen, Dingen oder Ideen gegenübersieht, sagt er nicht: „Boah ey, was'n Haufen!“ Er greift stattdessen nonchalant zum Ausdruck „Ihr Name ist Legion“. Und zitiert damit einen Dämonen.

Zwar ist in unserer über-aufgeklärten Welt kein Platz für böse Geister, weswegen deren Chef, der Teufel, sich wahrscheinlich die Hände reibt. Entweder sollen die Menschen ihn fürchten, oder gar nicht an ihn glauben. Beides ist fatal.
Für Jesus Christus waren die dunklen Gegenspieler Gottes durchaus real. Er erkannte sie und sprach sie sogar an. Aber vor allem trieb er sie aus.
In der Gegend von Gerasa, am Ostufer des Sees Genezareth, hatten Jesus und seine Jünger eine besonders eindrückliche Begegnung der dämonischen Art. Sie trafen einen Mann, der in den dortigen Grabhöhlen lebte. Immer wieder war er mit Ketten gebunden worden, doch jedes Mal hatte er sich mit unmenschlicher Kraft befreit.
Obwohl „Freiheit" die schlechteste Beschreibung seines Zustandes war. Dämonen kontrollierten sein Tun, seine Worte und brachten ihn dazu, sich selbst mit Steinen zu zerschlagen. Als Jesus nach dem Namen des Geistes fragte, erhielt er die bekannte Antwort: „Legion ist mein Name, denn wir sind viele!"
Und viele waren sie: Eine Legion bestand bei den Römern aus bis zu 6000 Fußsoldaten und 300 Reitern. Diese Menge war in 10 Kohorten, 30 Manipel und 60 Zenturien organisiert. Selbst wenn man die Antwort des Besessenen nicht bis aufs Komma genau nimmt, sie spricht Bände über sein Leiden. Und obwohl die Dämonen vor ihrem Bezwinger Jesus Christus auf den Knien liegen und ihn anbetteln, müssen sie den Mann augenblicklich verlassen.

D'Artagnan konnte, dank der Fantasie von Monsieur Dumas, auf den Seiten seines Abenteuerromans ganz allein gewaltige Gegnerscharen besiegen.
Der gepeinigte Mann in der Realität der Grabhöhlen konnte es nicht. Er brauchte die Befreiung von außen durch einen, der größer war als die Dämonen in ihm.
Und war deren Name auch Legion: Der Name ihres Überwinders war „Sohn des Höchsten". Höher geht's nicht.

Wie ein Ölgötze

„Und er kam zu seinen Jüngern und fand sie schlafend und sprach zu Petrus: Könnt ihr denn nicht eine Stunde mit mir wachen?“
Matthäus 26,40

Die Bomben-Schmitt'n / Ein volkstümlicher Schwank in eineinhalb Akten (trotzdem wahr):
Einmal pro Woche hackte die Klasse 3b im Schulgarten zwischen Möhren und Radieschen, zupfte das viel zu schnell wachsende Unkraut oder schichtete den Komposthaufen um. Die meisten konnten der landwirtschaftlichen Betätigung nicht viel Belustigung abgewinnen. Auch die enthusiastische Lehrerin Frau Schmitt (Spitzname „Buddelflink“) konnte daran nichts ändern.
Bis zu jenem schicksalsschwangeren Tag, als ein Knäblein während des Umgrabens auf ein verrostetes, längliches Metalldingens stieß. Frau Schmitt kam, sah und sagte: „Das wird wohl eine Granate sein. Oder so.“ Nach kurzer Überlegung entschied sie, dass moralische Unterstützung nicht schlecht wäre. Also buddelte sie den Rostzylinder aus, marschierte damit ins Schulhaus, öffnete das Büro der Direktorin und knallte ihr das Corpus Delicti auf den Schreibtisch. „Das hab' ich im Schulgarten gefunden.“ Ernstzunehmende Zeugen behaupten bis auf den heutigen Tag, dass sowohl Direktorin als auch der anwesende Lehrkörper eine kleine Ewigkeit lang zu Ölgötzen erstarrten. Ende des ersten Aktes.
Der letzte halbe Akt begann mit einem schrillem Alarm-Klingeln, das die restliche Schüler- und Lehrerschaft für ein paar Sekunden ebenfalls in Ölgötzen verwandelte. Danach wurde umso schneller gerannt. In Rekordzeit wurden die Klassen 1 bis 10 auf dem Sportplatz versammelt. Dort vertrödelten sie den Rest des Tages, während das Bombenkommando der Polizei anrückte. Das Kriegsgerät aus dem zweiten Weltkrieg wurde entschärft (obwohl einige Übereifrige auf eine Sprengung vor Ort gehofft hatten). Und die einzige, die an diesem Tag nicht regungslos erstarrt war, bekam einen neuen Kriegsnamen: Bomben-Schmitt'n.

Wenn eine Person aufgrund von Überraschung, Schreck oder Desinteresse unbeweglich oder verständnislos im Raum herumsteht, kommt oft der Ölgötze ins Spiel. Keine sehr schmeichelhafte Bezeichnung. Dafür aber mit historischem Hintergrund.
Kurz vor seiner Verhaftung ging Jesus mit seinen Jüngern in den Garten Gethsemane am Fuß des Ölbergs. Ehe sein Leiden begann, wollte er noch einmal mit seinem himmlischen Vater sprechen. Dabei hoffte er auch auf die moralische Unterstützung seiner Freunde. Er bat drei von ihnen, nämlich Petrus, Jakobus und Johannes, mit ihm zu kommen. Doch anstatt mit ihm zu wachen, fielen den Dreien immer wieder die Augen zu. Die übrigen Acht schnarchten genauso, einen Steinwurf entfernt. Nur Judas Iskariot war hellwach – und schon mit einer Gruppe Bewaffneter auf dem Weg...
Diese Situation wurde seit dem 15.Jahrhundert häufig in Kirchenmalereien dargestellt. Die schlummernden Jünger auf den Bildern wurden dabei im Volksmund als „Ölberggötzen" bezeichnet. Woraus der Einfachheit halber „Ölgötzen" wurden.

Darum ging es also ursprünglich. Nicht um begriffstutzige Morgenmuffel, paralysierte Angsthasen oder apathische Spätzünder. Sondern um ein paar Leute, die nicht für ihren Freund da waren, als der sie am nötigsten brauchte.
Warum blieben sie nicht mit Jesus wach? War der Tag zu lang gewesen? Hatten sie zu viel Passa-Wein getrunken? Vielleicht auch das. Doch das Hauptproblem war ein anderes: Die ganze Situation ging über ihren Horizont. Sie verstanden nicht mehr, was los war. Weshalb ihr Bewusstsein sich der Einfachheit halber abmeldete.
Geht uns doch manchmal auch so. Ausgerechnet dann, wenn es nötig wäre, aktiv zu werden, sind wir am Ende unserer Energie, oder unseres guten Willens, unseres Mitgefühls, unserer Nächstenliebe.
Hoffentlich haben wir dann einen so verständnisvollen Freund an der Seite, wie damals die Jünger, der uns weckt und wieder auf die Füße stellt.

Per pedes (apostolorum)

„Als aber die Apostel, welche in Jerusalem waren, gehört hatten, dass Samaria das Wort Gottes angenommen habe, sandten sie Petrus und Johannes zu ihnen..."
Apostelgeschichte 8,14

Friedbert lebte zu Hause. Er besaß eine dicke Ledercouch (auf der er saß), einen gebrauchten Mercedes (in dem er saß, wenn er die 200 Meter zur Arbeit fuhr) und ein exquisites Fahrrad aus Carbonfasern (auf dem er noch nie gesessen hatte). Bewegung? Hörte sich gefährlich an! Die meiste Zeit thronte er vor einem Fernseher, groß wie ein Garagentor, und tat vier Dinge: Filme gucken, Video spielen, essen und schlafen. Seinen Jahresurlaub empfand er nur dann als gelungen, wenn er von 14 Tagen mindestens 13¾ drinnen verbrachte. Jahrelang waren Friedberts Freunde deshalb der einseitigen Meinung gewesen, er wäre ein antriebsloser, stinkfauler Typ.

Weit gefehlt! Er selbst sah sich als den Vordenker einer neuen Bewegung. Hatte nicht schon im 17. Jahrhundert der Philosoph Pascal festgestellt, dass alles Übel daher komme, dass der Mensch nicht ruhig zu Hause bleiben könne? Friedbert konnte. Er saß auf seinen vier Buchstaben in seinen vier Wänden und reiste nur mittels Bildschirm und Fernbedienung durch videotische Scheinwelten.

Allerdings musste auch dieser Diogenes der virtuellen Realität ab und zu sein Fass verlassen. Und sei es nur, um den Bedarf an DVDs und Tiefkühlpizza zu stillen. Weshalb eines Abends ein Freund, der Friedberts leeren Kühlschrank besichtigt hatte, vorschlug: „Was hältst du davon, wenn wir uns per pedes apostolorum im Supermarkt ein paar Sachen besorgen?" Friedbert hatte keine Ahnung, was das bedeutete, weshalb er vorsorglich erwiderte: „Bist du wahnsinnig? Wenn die uns erwischen!"

Er hätte beruhigt sein können. „Per pedes apostolorum" ist nicht kriminell, sondern lateinisch. Die Fügung heißt wörtlich übersetzt „zu Fuß wie die Apostel". Gern benutzt wird auch der kleine Bruder der Redewendung, das kurze „per pedes". Und in Zeiten steigender Spritpreise wird die Formulierung sogar wieder häufiger umgesetzt.
Sie bezieht sich auf die neutestamentliche Apostelgeschichte. Ohne Zweifel wird in diesem Buch enorm viel gelaufen. Die Apostel hatten gar keine andere Möglichkeit. Auch wenn sie manchmal übers Mittelmeer schipperten; irgendwann legte ihr Schiff an – und dann ging's zu Fuß weiter. Schließlich bedeutet der Titel „Apostel" nichts anderes als „Gesandter". Und ein solcher ist schon per Definition viel unterwegs.
Paulus zum Beispiel durchquerte auf seinen Missionsreisen einen Großteil des Mittelmeerraums auf Schusters Rappen. Wie gut, dass er als Zeltmacher mit Leder umgehen konnte, denn bestimmt musste er ziemlich oft seine Sandalen reparieren.
Aber warum blieben die Apostel nicht ruhig in den eigenen vier Wänden sitzen? Das lag nicht am fehlenden Fernseher, sondern daran, dass sie ihre Erlebnisse mit Jesus Christus unbedingt weitererzählen wollten. Paulus beschrieb das so: „Wir sind Botschafter von Christus und bitten in seinem Auftrag: Nehmt die Versöhnung an, die Gott euch anbietet!"
Nun ist das eine Botschaft, die bei manchen kritischen Zeitgenossen nicht gut ankommt. Viele sind sich gar nicht sicher, ob Gott überhaupt existiert.
Dabei geht der Glaube nie gegen die Vernunft, sondern über sie hinaus. Was uns wieder zu Blaise Pascal zurückführt. Der philosophische Mathematiker (und Christ) bot den Zweiflern eine Wette an: „Wägen wir also Gewinn und Verlust ab und setzen wir auf Kreuz, dass Gott existiert. Schätzen wir beide Fälle ein: Wenn Sie gewinnen, gewinnen Sie alles; wenn Sie verlieren, verlieren Sie nichts. Setzen Sie also ohne Zögern darauf, dass er existiert."

Auf Sand gebaut haben

„Und wer diese meine Rede hört und tut sie nicht, der ist einem törichten Mann gleich, der sein Haus auf den Sand baute.“
Matthäus 7,26

Wo wir gerade von Sand sprechen: Da war dieser junge Deutsche, der mit einer Gruppe frommer Amerikaner am Strand Volleyball spielte. Die Mannschaft, der er zugeteilt war, schlug sich nicht schlecht. Aber auch das gegnerische Team war in guter Form. Wann immer eine Gruppe einen Punkt erzielte, holte die andere postwendend auf. Schließlich stand es 24 zu 23 für das Team des Deutschen. Satzball!
Die links neben ihm spielende Dame hatte den Aufschlag, übrigens eine wirklich gutaussehende junge Dame, die auch noch mit einem einzigen Schlag den nötigen Punkt erzielte. Da gingen die Gefühle mit dem jungen Mann durch und er rief: „Was für ein schönes Ass!“ Das wollte er jedenfalls sagen. Weil jedoch seine Englischkenntnisse auf Sand gebaut waren, rief er ihr voller Bewunderung zu: „What a beautiful ass!“
Er hätte besser das korrekte Worte „ace” benutzt. Für einen enthusiastischen deutschen Mund nur ein kleiner Lautbildungsunterschied. Für ein wohltemperiertes amerikanisches Ohr jedoch ein massiver K.-o.-Schlag! Denn wörtlich übersetzt hatte er von sich gegeben: „Was für ein schöner Esel!“ (Und das ist sogar noch die höfliche Variante. Eine zweite Übersetzungsmöglichkeit beschreibt in rüdem Vokabular die ästhetischen Eigenschaften des menschlichen Gesäßes, was der geschätzten Leserschaft natürlich schon die ganze Zeit bewusst gewesen ist.)
Die junge Frau sah an sich herunter und entdeckte keinen Esel.
Wie erstaunt war der Deutsche, als er anstelle eines geschmeichelten „Thank you!“ ein P.S.G. (Persönliches Seelsorgerliches Gespräch) aufgedrückt bekam.

Darin liegt das Risiko eines auf Sand Bauenden. Er verlässt sich auf etwas höchst Unsicheres (seine Sprachkenntnisse, seine Geldanlage oder seine Ideologie) und muss feststellen, dass ausgerechnet im wichtigsten Moment dieser Notanker versagt. Der junge Mann hätte sich von dem Gleichnis warnen lassen sollen, welches die populäre Redewendung inspiriert hat.

Die Bergpredigt war beinahe an ihrem Ende angelangt. Mit vielen verschiedenen Bildern und Gleichnissen hatte Jesus Christus seine Nachfolger unterrichtet. Aber nicht nur sie. Auch eine große Menschenmasse hatte ihm geduldig zugehört und war begeistert. Was für poetische, revolutionäre und edukative Worte! Und was für ein vollmächtiger Redner! Der sollte wirklich mal einen Artikel in den „Jerusalemer Nachrichten" verfassen. Vielleicht in der Feuilleton-Ecke. Und damit wollten sie seine Reden vergessen. Jetzt war's wieder Zeit, sich den harten Tatsachen des Lebens zu stellen. Mal ehrlich: Was sollten diese Fantasien über Feindesliebe und Freigiebigkeit, gegen Habsucht und Verurteilen? Schöne Worte, sicher. Aber das konnte er doch nicht ernst meinen.

Um ihnen klarzumachen, wie ernst es ihm war, erzählte Jesus Christus das Gleichnis von den beiden Häusern. Eines war von einem klugen Mann auf Felsen gegründet worden. Das andere gehörte einem törichten Mann, der seine Hütte auf Sandboden aufgemauert hatte. Beide Häuser wurden von einer orkanartigen Sturmflut überrascht und von reißenden Überschwemmungen umspült. Das Unwetter erzielte ein unzweideutiges Resultat: Das Haus des Dummen stürzte spektakulär in sich zusammen, das des Klugen blieb stehen.

„Ja, ja!" nickte die träumerische Volksmenge und wurde schlagartig wach, als Jesus ihnen plötzlich sagte: „Wer meine Worte tut, gleicht dem klugen Mann. Wer sie nur abnickt, kann sich schon mal auf den Aufschlag vorbereiten."

Die Bewunderung der Leute war Jesus nie wichtig. Er will nicht Eindruck schinden, sondern Vertrauen finden. Und wer Glauben wagt, der merkt, dass mit zunehmendem Vertrauen auch das Haus auf dem stabilen Grund wächst, ein krisenfestes Zuhause für unsere Seele.

Etwas liegt im Argen
Die Welt ist beim Teufel

„Wir wissen, dass wir von Gott sind und die ganze Welt im Argen liegt.“
1. Johannes 5,19

Alljährlich am 1. September wurde in der Deutschen Demagogischen Republik der Weltfriedenstag begangen. Eigentlich ein guter Tag, erinnerte er doch daran, wie sehr der Frieden fehlte. Leider wurden regelmäßig die falschen Schlüsse an den Haaren herbeigezogen und vor allem Parolen gedroschen. In einer 6. Klasse vollführte die junge Klassenlehrerin den vertrauten Balanceakt zwischen Realität und Ideologie. Sie zitierte eine Schilderung der Stadt Hiroshima nach dem Atombombenabwurf. Die Schüler wurden still. Eine Gänsehaut überlief sie, während sie sich die Worte vor ihren inneren Augen vorstellten.
„...eine Betonwüste aus zerstörten Häusern. Tote Körper lagen zu Tausenden auf den Straßen, inmitten von kaputtem Hausrat und zerbeulten Töpfen...“
Plötzlich wurde der Vortrag vom jähen Lachen eines Sechstklässlers unterbrochen. Geschocktes Schweigen. Selbst dem Abgebrühtesten war klar, dass man mit so etwas nicht spaßt. Die Lehrerin musste erst nach Worten ringen, bevor sie, mehr fassungslos als verärgert, fragte: „Wie kannst du nur über einhundertdreißigtausend Tote lachen?“
Die ernüchternde Antwort: „Ich lache doch gar nicht über die Toten. Ich lache nur über die zerbeulten Töpfe!“

Es sind die kleinen Details, die uns das ganze Ausmaß unserer irdischen Tragikomödie vor Augen malen. Die zerbeulten Pötte neben den Leichen.
War es ehrlich, über den kaputten Hausrat zu lachen? Zweifellos. War es weise? Darüber kann man geteilter Meinung sein. Fakt ist, dass es der Rest der Welt genauso macht, wie jener Sechstklässler. Vielleicht nicht so offensichtlich; doch auch wir verdrängen täglich das Grauen aus unserem Leben und amüsieren uns stattdessen lieber über die

ramponierten Kleinteile des Weltgefüges. Wir sehen in den Abendnachrichten die gewohnten Bilder der Hoffnungslosigkeit und sind im Geiste schon bei der anschließenden Spielshow. Auch nur eine Methode, um nicht am unaussprechlichen Elend zugrunde zu gehen. Kein Mensch kann täglich vierundzwanzig Stunden betroffen sein.

Die Welt liegt im Argen. So bezeugt es die alltägliche Wirklichkeit; und so hat auch Luther den Vers aus dem Ersten Johannesbrief verdolmetscht. Heute würden wir wahrscheinlich eher übersetzen: „Die Welt liegt in dem Bösen". Damit ist nicht irgendein namenloses philosophisches Übel gemeint, sondern der personifizierte Böse. Weshalb übrigens auch die Redewendung „Die Welt ist beim Teufel" aus diesem Vers abgeleitet wird.
Harter Tobak für jene, die zwar an das Gute im Menschen glauben, die Existenz des Satans aber leugnen. Dabei genügt ein ehrlicher Blick in die Tiefen der eigenen Seele, um dort sowohl Schlechtigkeit als auch Verführbarkeit in rauen Mengen zu finden. Natürlich liegt irgendwo da unten auch unsere Humanität. Aber sämtliche gute Absichten sind immer noch zu kurz, um den Abgrund unserer persönlichen Verfehlungen zu überspannen. Es ist zum Verzweifeln. Wer von uns könnte da noch zusätzlich das gesamte Leid und die Ungerechtigkeit dieser Welt ertragen?
Einer konnte es.

Nicht Johannes, der Autor des Verses von der Welt im Argen. Wohl aber dessen bester Freund, von dem der ergraute Mann nicht aufhören konnte zu erzählen. Selbst dann nicht, als er schon so gebrechlich geworden war, dass man ihn zu den Versammlungen der Christen tragen musste. Der Greis hatte nur ein Thema: Die Liebe Gottes.
Des Gottes, der in Jesus Christus das Leid der Welt nicht nur ertragen, sondern für uns getragen hat: „...und durch seine Striemen ist uns Heilung geworden."
Die Welt mag im Argen liegen.
Doch durch ihn können wir wieder arglos werden.

Macht geht vor Recht

„Warum lässest du mich Mühsal sehen und siehst dem Jammer zu? Raub und Frevel sind vor mir. Es geht Gewalt über Recht.“
Habakuk 1,3

Karlchen stand schon ewig in der Schlange vorm Farbkopierer. Dabei wollte er doch nur ein kleines Bildchen 8-mal vervielfältigen. Endlich, der Mann am Kopierer packte seine Seiten ein. Jetzt war Karlchen dran. Mit einer Hand zog er das Original aus der Plastikhülle und holte schon Schwung für den Schritt auf die Maschine zu. Da trat ihm eine resolute Dame in den Weg und sagte: „Tut mir leid. Ich war eher da!“ Und krachte ein dickes Modemagazin auf die Ablage. Mit unzähligen Lesezeichen. Und einem Notizzettel auf der Vorderseite, auf dem „Je 37 Kopien“ stand.
Das war der Tropfen, der das Fass zum Überlaufen brachte. Jedes einzelne seiner 14 Lebensjahre hatte Karlchen bisher klein beigegeben. Hatte sein Milchgeld mit einem schiefen Lächeln an die Rowdys abgegeben. Hatte nichts gesagt, wenn er wieder einmal nach hinten geschoben worden war. Hatte sich nur heimlich vorgestellt, einmal Kontra zu geben. Doch heute war es anders. Heute war der Moment gekommen, endlich aufzustehen. Vor Karlchens innerem Auge stürmten kleine Revolutionäre auf die Barrikaden und in seinen Ohren hallte „Wir sind das Volk!“
Er straffte seine Gestalt und streckte das Kinn heraus und sagte mit trockener Stimme: „Nein. – Ich bin dran. Hier geht doch nicht Macht vor Recht!“
Die Frau schaute sprachlos auf Karlchen herab. Der schob sich voller Entschlossenheit an den Kopierer und platzierte sein Original auf der Platte. Er vervielfältigte sein Foto. Gaaanz langsam und ruhig. Dann legte er das Geld auf den Tresen und schritt erhobenen Hauptes davon. Draußen wartete sein Freund Peter, der durchs Schaufenster alles beobachtet hatte. Er fragte: „Warum hast du eigentlich die Frau weggedrängelt? Die war doch schon vor uns da!“

Macht geht eben vor Recht. Das hat übrigens schon Bismarck NICHT gesagt, obwohl ihm dieser Satz immer wieder gern unterstellt wird. Gut, etwas Ähnliches hat er schon von sich gegeben. Am 27. Jänner 1863 sagte er im preußischen Abgeordnetenhaus: „Wer die Macht in Händen hat, geht dann in seinem Sinne vor." Diese Wort wurde ihm anschließend von Maximilian Graf von Schwerin frei nach dem Motto „Macht geht vor Recht" im Mund herumgedreht. Doch auch ohne Bismarck taucht der Spruch oft genug auf. Adelbert von Chamisso schrieb in einem Gedicht „Hast du die Macht, du hast das Recht auf Erden", Schiller wusste: „Im Leben gilt der Stärke Recht", Goethe dichtete im Faust: „Man hat Gewalt, so hat man Recht", Baruch de Spinoza philosophierte, dass „jeder so viel Recht hat, als er Macht hat" und so weiter und so fort.

Man muss kein großer Dichter und Denker sein, um die Richtigkeit dieser Aussage zu bestätigen. Die traurige Wahrheit wird uns tagtäglich vor Augen gemalt: Die Nachrichten zeigen es uns; ein Blick in unsere Nachbarschaft oder ins eigene Leben.

Das Urheberrecht für dieses Sprichwort kann höchstwahrscheinlich der Prophet Habakuk für sich in Anspruch nehmen, der um 600 vor Christus lebte. Und obwohl er beinahe dieselben Worte gebrauchte wie die oben erwähnten Herrschaften, gibt es doch einen großen Unterschied. Er wollte nicht einfach einen klangvollen distanzierten Spruch los lassen, nein, er litt fast körperlich unter der Ungerechtigkeit seiner Zeit. Doch gleichzeitig vertraute er fest darauf, dass sein Gott das Ruder zur richtigen Zeit herumreißen würde. Habakuk hatte nämlich begriffen, was später auch zum Leitwort von Paulus und Luther werden würde: „Der Gerechte wird aus Glauben leben.", nicht Kraft seiner Wassersuppe.

Für ein Linsengericht hergeben

„Und Jakob gab Esau Brot und ein Gericht Linsen; und er aß und trank und stand auf und ging davon. So verachtete Esau das Erstgeburtsrecht.“
1. Mose 25,34

Maik hatte Hunger. Er öffnete den Kühlschrank. Der war leer, bis auf einige außerirdisch anmutende Schimmelflecken. Er stöberte durch die Küchenschränke. Aber auch dort gab es nur Nahrungsmittel, die entweder versteinert waren oder einen Pelz hatten oder vor ihm wegliefen. Einkaufen war auch keine Option. Sein Portemonnaie war leer und das Sozialamt würde dem Konto erst in zwei Wochen wieder aus den roten Zahlen helfen. Maiks Blick schweifte suchend über seine Habseligkeiten.
Zehn Minuten später. Im türkischen Imbiss, zwei Straßen weiter, öffnete sich die Ladentür. Mit dem Rücken zuerst schob sich Maik schnaufend durch die Tür. Ihm folgten sein Fernsehgerät und sein Kumpel Marko. Schweratmend stellten die beiden Lastenträger den Apparat vor dem Verkäufer ab. Maik schaute ihm prüfend ins Gesicht. „Wie viele Döner gibt's für das Teil?“ Der Verkäufer kratzte sich kurz am Kopf. Ein Fernseher würde sich sicher gut in seinem Laden machen. Deshalb antwortete er kurz entschlossen: „Vier Döner. Keine Diskussion!“ Maik überlegte nicht lange. „Hand drauf!“
Das Abendessen war gesichert. Wozu brauchte er schon einen Fernseher! Zum Ferngucken würde er von jetzt an immer in den Imbiss gehen. Dass seine Entscheidung nicht ganz zu Ende gedacht war, merkte Maik erst, als zu Hause seine Videokonsole anschaltete und kein Bildschirm aufleuchtete. Nun guckte er wirklich in die Röhre.

Wenn jemand nur auf schnelle Befriedigung setzt, aber nicht auf die langfristigen Folgen einer Handlung achtet, dann kann es leicht passieren, dass er seine Habe oder seine Grundsätze für ein Linsengericht hergibt. Damit will man sagen, dass etwas unter Wert verhökert

wird. So gesehen, war Maiks Dönertausch eigentlich eine gute Sache. Schließlich hatte der Handel den positiven Nebeneffekt, dass Maiks Fernsehkonsum rapide zurückging.
Esau hatte keine solche Entschuldigung, als er damals sein Erstgeburtsrecht gegen einen Teller Linsen verscherbelte. Er war ausgehungert von einer erfolglosen Jagd zurückgekommen. Als er sah, wie sein jüngerer Zwillingsbruder Jakob in einem Topf rührte, der über dem Feuer hing, übermannten Esau die Esslust. Er warf einen Blick in den Pott und forderte: „Gib mir von dem roten Zeug! Ich verhungere!"
Jakob sah seine Chance gekommen. Anstatt aus Freundlichkeit mit der Kelle in den Topf zu langen, schlug er einen Handel vor: Erstgeburtsrecht gegen Linsen. Ohne lange nachzudenken, ging Esau darauf ein. „Ich sterbe sowieso irgendwann, wozu brauch ich dann ein Erstgeburtsrecht..."
Einige Jahre später, als es darum ging, wer den Segen des Vaters Isaak bekommen sollte, hatte sich Esaus Meinung total geändert: Er war der Erstgeborene. Er wollte die Segnungen haben. Doch wieder ging er leer aus.
Jahrelange Zwietracht zwischen den Brüdern war eine der Folgen von Esaus unseligem Handeln. Viel wesentlicher war allerdings, dass die biblische Heilslinie über Jakob zum Volk Israel überging. Die Edomiter, Esaus Nachkommen, waren nur noch eine Randnotiz in der Heilsgeschichte Gottes mit seinen Menschen. Ein guter Calvinist mag jetzt anmerken, dass Gott das von vornherein so geplant hatte. Steht nicht auch in der Bibel, dass Gott Esau hasste, Jakob aber liebte?
Das ist eine ärmliche Entschuldigung und entbindet weder Esau noch uns von der Verantwortung, richtige Entscheidungen zu treffen. Geben wir unsere Überzeugungen nicht für ein Linsengericht auf. Und erst recht nicht für vier Döner.

Sein Damaskus erleben
Von Saulus zu Paulus werden

„Und da er auf dem Wege war und nahe an Damaskus kam, umleuchtete ihn plötzlich ein Licht vom Himmel..."
Apostelgeschichte 9,3

Im Leben eines jeden Erdenbürgers gibt es diese außergewöhnlichen Momente, in denen sich sein Dasein mit einem Mal verändert. Sie sind vielleicht nicht so häufig, wie die Wiederholungen von „Derrick", aber dafür sehr viel spezieller.
Der Tag, an dem man merkt, dass der Weihnachtsmann in Wirklichkeit nur Onkel Erwin von nebenan ist. Der Augenblick, wenn man im Tagebuch der besten Freundin nachliest, was die wirklich von einem hält. Der erste Pickel, nach Möglichkeit mitten auf der Nase. Die Sekunden, wenn man nach einem Unfall mit Totalschaden im geborgten Auto sitzt und realisiert, dass man noch am Leben und doch kein Formel-1-Star ist. Der Moment, wenn man begreift, dass man sich bei seinem Freund nicht mehr entschuldigen kann, weil der ohne Voranmeldung einfach so gestorben ist.
Die meisten dieser Wendepunkte enttäuschen uns in zweierlei Hinsicht: Zum einen, weil die Welt doch nicht so rosarot ist, wie wir sie uns erträumten, zum anderen, weil wir über uns selbst ent-täuscht werden. Auch wir sind längst nicht so heroisch, so spritzig, so gutaussehend, so intelligent oder so stark, wie wir immer glaubten.

Saulus von Tarsus erlebte genau solch einen Moment. Damals, in den dreißiger Jahren nach Christus, war er nach Damaskus unterwegs. Er war ein religiöser, gebildeter und leidenschaftlicher Jude. Einer, der die häretische Christensekte mit Stumpf und Stiel ausrotten wollte. Sie hatte sich, seit dem Auftreten des Jesus von Nazaret, innerhalb weniger Jahre weit ausgebreitet.
Mit klaren Zielen und den nötigen Empfehlungsschreiben im Gepäck macht sich Saulus auf den Weg. Damaskus ist schon in Sicht, als er

plötzlich von einem hellen Licht umstrahlt wird. Mit blinden Augen stürzt er in den Sand. Aber es ist nicht die Wüstensonne, die ihn auf die Bretter wirft, sondern seine erste Begegnung mit Jesus Christus. Der eben noch so starke und wütende Saulus wird wie ein kleines Kind an seinen Händen in die Stadt geführt. Seine Ideen liegen in Scherben, seine Zukunft im Dunkeln. Drei Tage ist er blind. Er fastet und sucht nach Antworten. Die bekommt er – und zwar ausgerechnet von einem der Leute, die er verhaften wollte. Ein Christ namens Hananias besucht ihn und macht ihn gesund – im Namen des Jesus, den er ausradieren wollte. Danach ist nichts mehr wie es vorher war. Der Christenhasser Saulus wird zu einem christlichen Missionar, der vor allem unter Nichtjuden arbeitet.

Allerdings wurde sein Name nicht sofort geändert, wie das Sprichwort vermuten lässt. In den folgenden Begebenheiten wird er weiter „Saul“ oder „Saulus“ genannt. Dieser Name ist hebräisch und bedeutet wörtlich „erbeten“. Das griechische „Paulus“ reimt sich zwar darauf, hat aber eine andere Bedeutung, nämlich schlicht und ergreifend „klein“. Vielleicht ein Hinweis auf die Statur des großen Mannes. Es könnte sein, dass ihm beide Namen von seinen Eltern verpasst wurden, denn die Juden jener Tage gaben ihren Kindern oft einen religiösen und einen weltlichen Namen.

Erst einige Kapitel – und Jahre – später, als Paulus seinen neuen Auftrag als „Heidenmissionar“ antritt, ändert sein Chronist Lukas den Namen mehr oder weniger kommentarlos von Saulus zu Paulus, vielleicht um den Schritt aus der jüdischen in die griechisch sprechende Welt deutlich zu machen.

Und die Moral von der Geschichte? Manchmal muss einem erst schwarz vor Augen werden, damit man die Wahrheit sieht.

Auge um Auge, Zahn um Zahn

„Wenn aber Schaden geschieht, so sollst du geben Leben um Leben, Auge um Auge, Zahn um Zahn, Hand um Hand, Fuß um Fuß…“
2. Mose 21,23.24

Wenn der durchschnittliche, humanistisch gebildete, auf Gewalt verzichtende, aufgeklärte, sensible, Ego-Shooter-spielende, junge Abiturient von der Französischen Revolution hört, dann klatscht er begeistert in die Hände: Freiheit! Gleichheit! Liederlichkeit! Der Beginn der modernen Demokratie! Mitsamt der Erklärung der Menschenrechte, der Abschaffung der Monarchie und all dem Schwof.
Klammheimlich unterschlägt das Bildungsbürgerchen, dass die Revolution schon bald ihre Kinder fraß. Als nämlich Robespierre die Verfassung wieder auf Eis legte, halb Frankreich einen Kopf kürzer machte, mal eben das Christentum durch einen Kult des „Höchsten Wesens“ ersetzte und den gregorianischen Kalender durch eine Revolutionszeitrechnung, bis irgendjemand auf die Idee kam, Robespierres eigenen Kopf mithilfe der Guillotine selbstständig zu machen.
Unserm Abiturienten ist das egal: Französische Revolution. Ganz groß! Sternstunde! Mit Ausrufezeichen!
Derselbe durchschnittliche, humanistisch gebildete, auf Gewalt verzichtende, aufgeklärte, sensible, Ego-Shooter-spielende, junge Abiturient wendet sich entsetzt ab, wenn er den Satz „Auge um Auge, Zahn um Zahn“ hört. Und murmelt vor sich hin „Unglaublich brutal. Inhuman. Unzeitgemäß“, während er auf seinem Computerbildschirm unter Verwendung einer überdimensionalen Laserkanone ein paar Monster zerhackstückt.
Sicherlich, heutzutage ist das Sprichwort vor allem in drittklassigen B-Movies zu hören: Der gemeingefährliche Anführer nuschelt mit Kehlkopfkrebsstimme: „Auge um Auge, Zahn um Zahn“, bevor das dreckige Dutzend die leichte Artillerie schultert und eine ganze Kleinstadt plattmacht, weil die harten Kerle zu ihren Milchshakes keine Gratiskekse bekommen haben.

Als das Volk Israel unter Mose um die Vierzehnvierziger Jahre (natürlich vor Christus) ebendieses Gesetz bekam, war es mit Recht und Ordnung nicht weit her im alten Orient. Nehmen wir an, dass irgendein junger Uriel irgendeinem alten Lamech bei einer Prügelei eine Beule auf den Schädel produzierte. Dann war jener Uriel in mächtig großen Schwierigkeiten. Nicht zu selten rächte sich Lamech nämlich, indem er Uriel um die Ecke brachte, und zu allem Überfluss auch noch ein Rachelied darüber dichtete: „Einen Mann erschlug ich für meine Wunde und einen Jüngling für meine Beule.“ So überliefert im Ersten Buch Mose, Kapitel vier. Egal, was man vom Versmaß halten mag. Als ausgewogene Reaktion kann man solche Revanche jedenfalls nicht bezeichnen.
Vor diesem Hintergrund mutet das „Auge um Auge, Zahn um Zahn“ doch ganz anders an! Während vorher für ein Verbrechen oft die ganze Familie des Täters über die Klinge springen musste, schob das neue Gesetz solcher Unersättlichkeit und Unverhältnismäßigkeit einen Riegel vor. Die Verordnung legte die Obergrenze der Wiedergutmachung fest. Höchstens im Maßstab eins zu eins – und nicht mehr! Übrigens gab es auch etliche Listen, die Sühnegelder für Straftaten festlegten. Aus dieser Perspektive betrachtet, war das Gesetz nicht nur gerecht, sondern auch äußerst revolutionär.

Und dann fand 1500 Jahre später eine noch viel größere Revolution statt. Eines schönen Tages saß Jesus Christus mit seinen Nachfolgern zusammen und erklärte ihnen: „Ihr kennt die alte Regel ‚Auge um Auge, Zahn um Zahn'. Ich aber sage euch: Wehrt euch nicht gegen solche Bösewichter. Im Gegenteil: wenn dich einer auf deine rechte Wange schlägt, dem biete auch die andere dar.“
Ich frage mich wirklich, was unser Abiturient dazu sagen würde...

Listig *oder* klug wie eine Schlange

„Und die Schlange war listiger als alles Getier des Feldes, das Gott, der Herr, gemacht hatte...“
1. Mose 3,1

„Siehe, ich sende euch wie Schafe mitten unter die Wölfe; darum seid klug wie die Schlangen und ohne Falsch wie die Tauben.“
Matthäus 10,16

Es geschah eines schönen Morgens in unserem Haus in der afrikanischen Pampa. Meine Frau wollte sich einen Tee machen, marschierte Richtung Küche und schrie plötzlich auf. Sie hatte einen Grund: Zu ihren Füßen lag eine zusammengerollte listige Schlange. Vom Schrei angelockt kamen meine Wenigkeit und die Hunde angelaufen. Letztere trotteten gelangweilt vorbei und ignorierten das Reptil schlicht und einfach. Nun erwartet ja niemand von den Flohkissen, dass sie sofort mit gefletschten Zähnen zum Todesbiss ansetzen. Ein wenig Knurren wäre aber schon nett gewesen.

Fehlanzeige. Weshalb ich mich mit dem Kriechtier beschäftigen musste. Ich stapfte ein paar Mal mit aller Kraft auf. Die Schlange (Kadaver? Taub? Keine Lust?) rührte sich nicht. Bis ich sie mit einem Besen anstieß. Mit einem Satz richtete sie sich auf, zischte und griff mich an. Ich bin kein Killer. Auch den Schlangen räume ich ihr gewerkschaftlich garantiertes Lebensrecht ein. Aber zum einen wollte sich diese hier um keinen Preis vors Haus kehren lassen. Zum anderen wurden meine Skrupel bezüglich Schlangenexekutionen von meiner besseren Hälfte absolut nicht geteilt, weshalb ich mich mit einer Schaufel bewaffnete und diese zweimal auf die Kreatur niedersausen ließ. Und weil sie noch zuckte, dreimal mehr. Der Rest ist schlaues Schweigen.

Woher kommt die listige Schlange in der jüdischen Tradition? Schuld daran ist der Sündenfall. Eva und Adam wurden damals bekanntlich vom Teufel verführt, der als Schlange maskiert war, listiger als alle anderen Kreaturen des Feldes.
Doch das ist nicht die einzige reptile Eigenschaft. Ein Blick ins Alte Testament enthüllt uns diverse weitere Bewertungen. Schlangen waren schnell, giftig, in vielen Arten vorkommend, gefährlich aber zähmbar, verflucht, auf dem Bauch zu kriechen und ihr Futter mit Staub vermischt zu fressen, unrein und deshalb für Juden nicht als Nahrung erlaubt. Eine geschärfte Schlangenzunge samt Gift unter den Lippen wurde den Gewalttätern und Heuchlern schon damals (und nicht erst seit Winnetous Zeiten) nachgesagt.
Wahrlich nicht die beste Reputation. Was Jesus Christus jedoch nicht daran hinderte, das Reptil zum Vorbild seiner Nachfolger zu machen: Er forderte sie auf, klug wie die Schlangen zu sein.

Nun mag der eine oder andere sagen: „Okay. Höllenfürst: listig. Himmelsanwärter: klug. Zwei Worte, eine Bedeutung.“ Dem kann ich nur in Großbuchstaben entgegenschmettern: „SO NICHT!“ Genauso gut könnte man den Demagogen Joseph Goebbels als weisen Friedensstifter bezeichnen. Er war ein listiger Lügner und Volksverhetzer. Klug war er auf keinen Fall.
Echte Klugheit besitzt andere Merkmale. Nicht umsonst forderte Jesus Christus im gleichen Atemzug mit der Schlangenklugheit, dass seine Jünger ohne Falsch sein sollten wie die Tauben. Also nicht manipulativ und berechnend. Aber auch nicht passiv wie Bohnenstroh oder naiv wie ein Teletubby. Das bedeutet nicht, dass ein Frommer die vierte Wurzel von 28.561 im Kopf ausrechnen können muss. Nein, Gottes Bodenpersonal soll authentisch gut und wohltuend klug sein.
Klingt zu sehr nach Superhelden mit wehenden Umhängen und elastischen Stretchy-Panties? Funktioniert aber auch in der Realität. Immer dann, wenn ein Mensch Gottes Herrschaft vertrauensvoll wie ein Kind annimmt.
Wohlgemerkt: wie ein Kind. Nicht kindisch.

Mehr Schulden als Haare auf dem Kopf haben

„Denn es hat mich umgeben Leiden ohne Zahl; es haben mich meine Sünden ergriffen, dass ich nicht sehen kann; ihrer ist mehr denn Haare auf meinem Haupt, und mein Herz hat mich verlassen."
Psalm 40,13

Stark vereinfacht betrachtet, kann man die Weltbevölkerung in zwei Gruppen einteilen. Nämlich in solche, die Schulden haben und solche, die Schulden haben. Beide Fraktionen unterscheiden sich nur im Umgang mit dieser Sachlage.

Die Angehörigen der ersten Gruppe haben schon schlaflose Nächte, wenn sie im Tante-Emma-Laden um die Ecke noch 19 Cent nachreichen müssen. Schuldenmacher haben für sie denselben moralischen Status wie die Angeklagten beim Kriegsverbrechertribunal in Den Haag.

Den Mitgliedern der zweiten Gruppe macht es relativ wenig aus, wenn sie bei diversen Banken mit Millionen in der Kreide stehen. Sie arrangieren voller Stolz ihre Zahlungsaufforderungen nach erster, zweiter und dritter Mahnung und fahren anschließend im geleasten Ferrari zur Schuldnerberatung. Allwöchentlich veranstalten sie Partys, deren Höhepunkt eine gemeinsame Bankauszugsverbrennung ist. Während sie ihre vierte Kreditkarte mithilfe der fünften entlasten, füllen sie den Antrag für die Goldkarte Nummer Sechs aus.

Landläufig bezeichnet man solche Zeitgenossen als Mehr-Schulden-als-Haare-auf-dem-Kopf-Habende und ist froh darüber, dass man selbst seine eigenen Verpflichtungen genügend klein hält. Aber machen wir uns nichts vor! Allein die Tatsache, Bürger eines souveränen Staates zu sein, beschert uns Schulden. Bekämen wir unseren Anteil an der Staatsverschuldung in bar ausgezahlt, könnten wir uns dafür einen Kleinwagen kaufen. Mit Sonderausstattung.

Davids finanzielle Schulden hielten sich ziemlich sicher in Grenzen. Zum einen gab es noch keine Sofortkredite. Zum anderen war er als König von Israel der Staat in Person. Und wenn er Lust auf eine Anschaffung hatte – egal ob Döner oder Sommerdomizil – konnte er den Haushofmeister in die Schatzkammer schicken. Die wurde nämlich von seinen Untertanen mit einem nicht abreißenden Strom an Steuern versorgt.
Trotzdem war es David, der jene Redewendung prägte. Allerdings wird ein aufmerksamer Leser feststellen, dass der König gar nicht über Schulden schrieb, sondern über Schuld. Über seine Sündenschuld nämlich. Erst ein oberflächlich lesender Deutscher machte daraus die finanziellen Verbindlichkeiten. Wenn das auch tief in die Psyche des Portemonnaie tragenden Germanen blicken lässt, so hat es doch nichts mit dem zu tun, was David eigentlich sagen wollte.

Wer über das Leben des königlichen Dichters nachliest, wird feststellen, dass er keineswegs der strahlende Held in jeder Lebenslage war. Nicht selten landete er kapitale Bauchklatscher. Aber er war auch kein selbstgerechter Besserwisser. Und so schrieb er ehrlich darüber, wie seine eigenen Verfehlungen ihn in die Enge getrieben hatten. Er steckte im Schuldschlamm fest und wusste, dass er sich nicht wie Münchhausen am eigenen Schopf herausziehen konnte. Deshalb rief er nach göttlicher Intervention.
Wer von uns hat diese Größe und kann zugeben, dass im eigenen Leben mehr Verfehlungen gedeihen als Haare auf dem Schädel? Das Gegenteil ist der Fall. Wir haben eine unerreichte Meisterschaft darin entwickelt, schuld- und schuldenfrei zu scheinen. Der Goldzahn blitzt im breitgezogenen Grinsen, selbst wenn der Rest der Person bis zur Bewegungslosigkeit verstrickt ist.
Es macht den schwachen König David sympathisch, dass er sich mit den unparteiischen Augen eines Größeren sah, ohne sich in die eigene Tasche zu lügen. Gerade weil er ohne ein aufgepinseltes moralisches Make-up auskam, hielt er sich den Weg zur Vergebung offen und damit zu einem wahrhaft schuldenfreien Leben.

Das stinkt zum Himmel! Erstunken und erlogen Etwas nicht mehr riechen können

„Ich hasse, ich verwerfe eure Feste, und eure Festversammlungen kann ich nicht mehr riechen.“
Amos 5,21

Das Leben eines durchschnittlichen Mitteleuropäers ist gespickt mit Tabus. Dazu gehört die Höhe des monatlichen Gehaltsschecks. Und natürlich auch die Sache mit dem Körpergeruch. Man nimmt ihn zwar wahr, aber keiner traut sich wirklich, den Arbeitskollegen darauf anzusprechen. Wie soll man das auch anfangen? „Recht warm für die Jahreszeit, oder? Wann haben SIE eigentlich das letzte Mal geduscht?“
Noch intensiver erlebt man das Müffeln in heißen Ländern, wo Wasser zu den raren Gütern zählt. Allerdings geht man dort sehr viel gelassener mit dem Problem um. Aus ganz praktischen Erwägungen heraus: Wenn man drei Kilometer zur nächsten Quelle marschieren muss, ist man spätestens nach der Rückkehr vom Waschen wieder ordentlich durchgeschwitzt. Ich machte diese Erfahrung im Schweiße meines Angesichts und diverser anderer Körperpartien. Aber nicht nur bei mir ...
Eines schönen Tages saß ich in einem afrikanischen Dorf gegen Mittag in einer Gastwirtschaft am Wegesrand. Ein paar Palmblätter gegen die sengende Sonne über dem Kopf, zwei Bambusstangen als Bank und ein roh gehobeltes Brett als Tisch. Wie üblich gab es Reis mit Blättersoße. Die Bar war gut gefüllt. Ich saß eingezwängt zwischen zwei jungen Burschen, der eine im zerlumpten Hemd, der andere mit freiem Oberkörper. Zu behaupten, dass die beiden rochen, wäre eine sträfliche Untertreibung. Ihre Ausdünstungen waren so brachial, dass meine Nasenschleimhaut am Boden lag und um Gnade winselte. Zwar hatte ich einen Mordshunger, doch trotzdem schob meine Hand den Löffel nur äußerst widerwillig in den Mund. Die Zähne weigerten sich, zu kauen und auch das Herunterschlucken wollte nicht funktionieren.

Ganz im Gegenteil. Mit all meiner Körperbeherrschung zwängte ich die bitteren Säfte zurück, die sich im Mund sammelten. Ich kämpfte ungefähr zehn Minuten lang und verlor. Zum ersten Mal in meinem Leben stand ich hungrig vom gedeckten Tisch auf und war froh darüber. Das ist wahrlich nicht erlogen, wenn auch erstunken.

Mit dem Wortdoppel „erstunken und erlogen“ bezeichnet man umgangssprachlich eine Lügengeschichte. Die Redewendung leitet sich von zwei noch älteren „anrüchigen“ Worten ab: dem „Zum-Himmel-Stinken" und dem „Nicht-mehr-riechen-Können“. Schlägt man das Alte Testament auf, dann findet man dort zuerst einmal unzählige Stellen, die über das Gegenteil sprechen: nämlich darüber, wie Gott sich über den Wohlgeruch der Brandopfer freute. Allerdings nicht jederzeit. Die Propheten des Alten Testaments mussten das Volk immer wieder daran erinnern, dass Gerechtigkeit weit wichtiger als tausend Opfergaben war. Aber gerade daran haperte es ziemlich oft, weshalb der Prophet Amos seinen Zeitgenossen schonungslos mitteilte, dass Gott sie und ihre frommen Feiern buchstäblich nicht mehr riechen könne. Ganz egal, ob die Leute nun rauchende Fettstücke oder aromatischen Weihrauch verbrannten: Ihre Opfer stanken zum Himmel, weil sie gleichzeitig logen, betrogen und ungehorsam waren.

Ein Quäntchen Humanismus oder ein religiöser Anstrich reichen eben nicht aus, wenn der Rest unseres Lebens den Schöpfer im wahrsten Sinne des Wortes anstinkt. Deshalb trat Gott selbst in Aktion und wurde Mensch, nicht nur, um uns zu zeigen, wie ein wirklich aromatisches Leben aussieht, sondern um unseren Mief ein für allemal aus der Welt zu schaffen. Paulus meint genau dieses Wunder vom Hinrichtungsplatz Golgatha, wenn er schreibt, dass „Christus uns geliebt und sich selbst für uns hingegeben hat als Gabe und Opfer, Gott zu einem duftenden Wohlgeruch!“
Liebe duftet eben.

Ein Auge auf jemanden werfen

„Und es geschah nach diesen Dingen, da warf die Frau seines Herrn ihre Augen auf Joseph und sagte: Liege bei mir!“
1. Mose 39,7

Kalifa war ständig unterwegs – und immer am Rande der Pleite. Er vermittelte kleine Geschäfte an Ausländer. Hier ein gebrauchtes Fahrrad, da ein fast neues Radio. Immer wieder erfrischend, wenn er in ehrlicher Einfalt vorrechnete, wie viel er gerade an seinem Gesprächspartner verdiente - ein schlitzohriges Kind in erwachsener Gestalt und mit einem Glasauge.
Eines Nachmittages kam Kalifa sehr niedergedrückt angeschlichen, mit einer Augenklappe überm Gesicht. Ohne sich lange bitten zu lassen, schilderte er seine Erlebnisse: Wie an jedem Morgen hatte er sich daheim in dem einquadratmetergroßen Mehrzweck-Plumpsklo gewaschen. Als er zuletzt sein Glasauge polieren und einsetzen wollte, passierte es. Er warf sein Auge auf das Loch im Boden. Wortwörtlich. Und so gründlich, dass es hineinfiel. Kalifa war ein Mann der Tat. Weshalb er sich den linken Ärmel hochkrempelte und tief nachfühlte. Zum Glück (so sagte er) war die Klärgrube schon ordentlich voll. Aber obwohl er die ganze Länge seines Greifapparates einsetzte, blieb das Glasauge in den fäkalen Tiefen verschwunden.
Seine faszinierende Erzählung finanzierte ihm ein neues...

Der Ursprung unseres Sprichworts besitzt durchaus Parallelen zu Kalifas Erlebnissen. Auch hier wurde ein Auge geworfen. Mit dem Resultat, dass die Werfende einen moralischen Griff ins Klo tat.
Es war um das Jahr 1900 vor Christus. Dem jungen Burschen Joseph war es in letzter Zeit nicht allzu gut ergangen. Gerade eben noch der Lieblingssohn eines reichen Vaters, war er von den eigenen neidgeplagten Brüdern verkauft und für tot erklärt worden. Nun war er Sklave in Ägypten im Haus des Kämmerers Potiphar, scheinbar ganz unten, aber nicht verlassen von seinem Gott. Obwohl er erst Anfang 20 war,

hatte Joseph Erfolg bei allem, was er anpackte. Deshalb überließ ihm sein Herr buchstäblich sämtliche Affären seines Hauses. Langsam schien es wieder aufwärts zu gehen.
Bis zu jenem Tag, an dem Potiphars Frau ihre Augen auf den gutaussehenden jungen Mann warf. Allerdings wollte sie es nicht bei den Augen belassen. Wann immer sie Gelegenheit hatte, pirschte sie sich an Joseph heran und versuchte, ihn ganz unzweideutig ins Bett zu bekommen. Der junge Mann steckte in einem Dilemma: Nachgeben hätte bedeutet, Potiphars Vertrauen schmählich zu missbrauchen. Andererseits war er Sklave. Und als solcher musste er tun, was ihm gesagt wurde.
Tat er aber nicht. Der Sklave stellte sich gegen die Herrin des Hauses. Die Zurückgewiesene machte kurzen Prozess, riss ihm das Hemd vom Leib und schrie Zeter und Mordio. Den Herbeieilenden machte sie weis, dass Joseph sich an ihr vergriffen hätte. Kein Wunder, dass es für den jungen Mann erst einmal wieder abwärts ging, bis in den Kerker, wo sein Schicksal Jahre später endlich gewendet wurde. Der Rest der Geschichte ist bekannt und nachzulesen im 1. Buch Mose...

Eines machen beide Geschichten klar: Das Werfen der Augen kann gefährlich werden. Manchmal für den Werfer, manchmal für den Beworfenen.
Allerdings ist die Redewendung irreführend. Sie suggeriert, dass ich die Kontrolle über meine Gucker verliere, sobald ich sie in die Landschaft katapultiere. Eine ziemlich lahme Ausrede. Das fand auch Jesus Christus, als er seinen Zeitgenossen erklärte: „Wenn dein Auge dich zur Sünde verführt, dann wirf es weg. Besser einäugig in den Himmel zu kommen, als mit beiden Augen in die Hölle!“ (Interessanterweise eines der Worte von Jesus, die von niemandem wörtlich genommen werden.)
Und die Konklusion des Ganzen? Wirf deine Augen nicht wahllos. Du könntest den Kopf verlieren.

Brot für die Welt

„Denn das Brot Gottes ist der, welcher aus dem Himmel herniederkommt und der Welt das Leben gibt."
Johannes 6,33

An was denkt der durchschnittliche deutsche Bürger, wenn er die Worte „Welt", „für", „die" und „Brot" hört?
Genau. Automatisch kommt eine Sammelaktion von Kirchens in den Sinn, die erstmals 1959 stattfand. Seit dem Jahr '61 wird sie jährlich durchgeführt. Man könnte die Devise so interpretieren, als wollte das Projekt den gesamten Planeten mit Grundnahrungsmitteln versorgen. Allerdings ist anzunehmen, dass auch die engagierten Köpfe hinter den vier Worten ihre Selbstbezeichnung eher als eine Forderung zum Handeln deuten.
Die Welt braucht Brot. Das ist eine unbestreitbare Tatsache. Aber auch auf die Gefahr hin, in die politisch korrekten Abgründe der nordsüdlichen Entwicklungszusammenarbeit zu stürzen, wage ich es, eine simple Frage zu stellen: Und dann?
Was würde geschehen, wenn jeder sein Laib Brot oder seinen Teller Reis auf dem Tisch hat? Weltfrieden und Milchgeld für alle?
Würden wir Zeugen werden, wie schwerreiche Fabrikbesitzer Arm in Arm mit ihren einst unterbezahlten Tagelöhnern auf einem Gewerkschaftspicknick das Pitabrot ins Tsatsiki tauchen? Würden vermummte Selbstmordattentäter sich den Sprengsatz von der Brust reißen und dauergewellten Fernsehpredigern in die Arme fallen? Würden die ihren Learjet verscherbeln und mit dem Geld Programme für alleinerziehende Mütter finanzieren? Würden totalitäre Diktatoren plötzlich die Uniformjacke mit dem Hawaihemd auswechseln, ihre Todesschwadronen zur Straßenreinigung einsetzen und sich bei ihren Folteropfern mit einem „War nicht so gemeint!" entschuldigen?
Es ist eher unwahrscheinlich, dass wir irgendwann Aktionen wie „Böller statt Brot" starten müssen, um nicht an unserer Gutheit zugrunde gehen. Allein die Tatsache, dass wir uns Gedanken über die Welter-

nährung machen müssen, zeigt doch, dass etwas faul ist im Staate Dänemark (und im Rest der Welt auch). Letztendlich ist das größte Hindernis für ein humanistisches Weltethos der Mensch selbst.
Eine extreme Behauptung?

Schauen wir auf den Ursprung des sprichwörtlich gewordenen Slogans. Was damals gesagt wurde, war weitaus extremer. Die Menschenmassen um Jesus Christus waren gerade Magenzeugen eines unglaublichen Wunders geworden. Aus fünf Gerstenbroten und zwei Fischen hatte er genug Verpflegung für 5.000 Männer gemacht. Plus Frauen und Kinder. Die Leute waren baff. Und begannen eine Milchmädchenrechnung: „Wenn dieser Mirakelmann unser Staatschef wird, dann brauchen wir uns nie wieder Gedanken über den Inhalt der Speisekammer zu machen. Er sorgt für's Brot, wir für die Spiele!"
Allerdings hatten sie ihre Rechnung ohne den Wirt gemacht. Jesus wollte nicht ihr Brotkönig sein und entzog sich ihnen. Erst am nächsten Tag fand ihn die Volksmenge. „Warum bist du verschwunden?", stellten sie ihn zur Rede. „Und was für Wunder hast du sonst noch drauf? Mose hat uns immerhin vierzig Jahre lang sechs mal wöchentlich Manna beschafft. Kannst du das toppen? Dann würden wir – eventuell – an dich glauben."
Aber auf diesen Kuhhandel ließ sich Jesus Christus nicht ein. Er wollte die Menschen mit seinen Wunder nicht bestechen. Deshalb ging seine Antwort weit über die „Brotlust" seiner Zeitgenossen hinaus: „Ich bin das lebendige Brot, das aus dem Himmel herabgekommen ist; wenn jemand von diesem Brot isst, wird er leben in Ewigkeit."
Damit waren die Leute allerdings nicht mehr einverstanden. Warum konnte der Mann nicht einfach im Brotvermehrungsgeschäft bleiben? Warum musste er plötzlich spirituell werden? Als Magenfüller konnten die Leute ihn akzeptieren. Als Gottessohn nicht. Und so gingen viele weg.
Jesus Christus hat nie die Stellenbeschreibung eines Bauchbeauftragten erfüllt. Er will nicht meine irdische Misere um ein paar Tage verlängern. Sondern mir schon heute Leben mit überirdischer Qualität schenken. Weniger ist nicht genug.

Durch Mark und Bein dringen

„Denn das Wort Gottes ist lebendig und kräftig und schärfer als ein zweischneidiges Schwert, und dringt durch, bis dass es scheidet Seele und Geist, auch Mark und Bein, und ist ein Richter der Gedanken und Sinne des Herzens."
Hebräer 4,12

Der wortgewaltige Prediger erzählte vom Karfreitag, jenem Tag, an dem Jesus Christus starb. Er beschrieb das Geschehen in allen Einzelheiten. Er sprach vom Hohen Rat, Pilatus, Herodes, den Soldaten. Und von den Qualen: Dornenkrone. Verspottung. Auspeitschung.
Die Frommen saßen auf ihren Plätzen und schauten fromm. Da gab es jene, die durch jahrelangen Gottesdienstbesuch geübt, eine undurchdringliche Pokermiene zu Schau trugen. Man konnte sich nicht sicher sein, ob sie gerade über die Passionsgeschichte oder ihren Lohnsteuerjahresausgleich meditierten. Andere übten sich im ernsten Nicken: Jawohl. Genau so war's. Amen dazu. Wieder andere saßen vornübergebeugt und blätterten durch ihre Bibel, als müssten sie herausfinden, wie oft das Wort „Koloquinte" darin vorkam. Eine durchschnittliche, bibelfeste Gemeinde, der man nichts Neues erzählen konnte. Enthusiastisch wie ein Beerdigungsinstitut. Mitfühlend wie ein Sack Reis.
Der Mann auf der Kanzel kam zur Kreuzigung. Er öffnete seine Bibel und las der unbewegten Zuhörerschaft aus dem Neuen Testament vor, wie die Soldaten Jesus ans Kreuz nagelten. Neutrale Stille im Saal. Und dann plötzlich, für alle klar vernehmlich, der Ausruf eines kleinen Mädchens: „Auweia!"

Das Mädchen hatte verstanden, worum es ging. Während die anderen nur zugehört hatten, war ihr der Text durch Mark und Bein gegangen. Und ehe ein politisch überkorrekter Mitbürger sich darüber aufregt, dass man ein Kind dieser Wahrheit aussetzt, sollte er seine künstliche Aufregung zurück zu den Sammeltassen in die Anbauwand packen und sich folgendes durch den Kopf gehen lassen: Die Wahrheit ist kein

Actionfilm, der erst ab einem bestimmten Alter freigegeben ist. Ganz im Gegenteil! Jesus Christus sagte nicht ohne Grund, dass man das Reich Gottes annehmen müsse wie ein Kind.
Und zum Annehmen und Verstehen gehört auch das „durch Mark und Bein dringen". Das ist keine Nebenwirkung, vor der auf einem biblischen Beipackzettel gewarnt wird. Sondern eine Wirkung, die vom Autor von vornherein beabsichtigt war.
Deshalb verglich der Verfasser des Hebräerbriefes das Wort Gottes mit einem zweischneidigen Schwert, das Menschen durchdringt wie weiche Butter. Nebenbei schuf er damit auch unsere Redewendung. Wir drücken damit aus, dass uns etwas unangenehm oder sogar unerträglich ist, sei es ein schriller Ton oder ein stechender Schmerz. Unser Knochenmark und die es umschließenden Knochen liegen bekanntermaßen ziemlich weit drinnen im Körper. Eine passende Umschreibung dafür, wie tief hinein die Empfindung geht.

Und genau das wollte auch der Schreiber den judenchristlichen Briefempfängern klarmachen: Glauben ist mehr als nur ein bloßer Paradigmenwechsel. Nicht nur ein neues Hemd, das man schnell mal überzieht, weil's elegant aussieht. Das ist nicht Glauben, sondern nur Religiosität. Und die ist in etwa so wirksam wie Brausepulver bei einem Herzinfarkt.
Gottes Wort ist, so der O-Ton des Hebräerbriefes, lebendig und kräftig und schärfer. Was jedoch noch wichtiger ist: Dieses Wort wurde Mensch. Es personifizierte sich in Jesus Christus und wohnte mitten unter uns. Er ist, so sagt es der Hebräerbrief, Gottes letztes Wort an uns. Weshalb es sich durchaus lohnt, genau hinzuhören.
Denn er bleibt nie an der Oberfläche. Er trifft uns im Innersten und bringt uns dazu, „Auweia!" zu rufen. Wir merken, wie kurz unsere Gutheit und wie lang Gottes Geduld mit uns ist.

Nicht von dieser Welt sein

„Ihr seid von unten her, ich bin von oben her; ihr seid von dieser Welt, ich bin nicht von dieser Welt.“
Johannes 8,23

Die folgenden Begebenheiten ereigneten sich zu der Zeit, als im öffentlichen Nahverkehr die ersten automatischen Fahrkartenstempler eingeführt wurden. Es waren unförmige Apparate, die mit ohrenbetäubendem Lärm unlesbare Hieroglyphen auf die Fahrkarte stanzten und dabei den ganzen Wagen ins Schaukeln brachten.
Die neuen Maschinen ersetzten die altertümlichen Fahrkartenautomaten, bei denen man seinen Groschen in den Schlitz warf, an einem langen Hebel zog und seinen Fahrschein anschließend vom Endlosband im Kasten abreißen konnte. Elegant, nostalgisch – und veraltet. Trotzdem begrüßte nicht jeder die Veränderung.
Erwin, der Rentner aus der Vorstadt, war jedenfalls ziemlich baff, als er sich unerwartet einem beigefarbenen Klotz mit rotem Streifen gegenübersah. Einer von beiden, Rentner oder Apparat, war ganz augenscheinlich nicht von dieser Welt. Die nebenstehende Clique halbwüchsiger Jugendlicher war es leider nur zu sehr.
„Wie funktioniert'n das'n jetze?“ fragte Erwin. Der vorwitzige Chef der Clique meinte: „Das is'n vollautomatisches Gerät. Sie müssen nur noch ihr Ziel in den kleinen schmalen Schlitz reinsprechen.“
„Das is' alles?“ „Yo!“
Und tatsächlich: Der gutgläubige Erwin ging in die Knie und rief aus voller Lunge in den Fahrkartenstempler hinein: „Ich will nach Bitterfeld zu meinor Schwestor Emilie!“

„Und sehn wir uns nicht in dieser Welt, dann sehn wir uns in Bitterfeld“, so deklamierte schon Walter, der Fahrkartenkontrolleur. Und holte den armen Erwin zurück auf den trostlosen Boden der Tatsachen.
Fast immer wird das Etikett „Nicht von dieser Welt“ jenen Zeitgenossen angehängt, die als Träumer durchs Leben wandern. Menschen,

denen der kühle Realismus abhanden gekommen ist und die in ihrem höchsteigenen Universum zu leben scheinen. Aber ist das überhaupt kritikwürdig? Adelt es jene Gutgläubigen nicht sogar? Es wäre doch viel besser, wenn alle nett zueinander wären und Schokolade nicht dick machen würde!

Nun, die 10 Millionen Kinder, die jährlich sterben, hatten sicher noch nie Schokolade im Bauch. Und die halbe Million Todesopfer, die jährlich durch Handfeuerwaffen umkommt, definiert Nettigkeit wahrscheinlich auch anders. Nur jemand, der nicht von dieser Welt ist, kann heute noch an das Gute im Menschen glauben.

Umso erstaunlicher scheint es auf den ersten Blick, dass es Jesus Christus selbst war, der sich mit dem Attribut „nicht von dieser Welt" versah. Damit schwadronierte er jedoch absolut nicht über die menschliche Vortrefflichkeit. Stattdessen warf er den Pharisäern, jenen klein karierten Krümelsortierern, einen besonders schwer zu schluckenden Brocken vor die Füße. Er zog eine klare Trennlinie zwischen sich und dem Rest der Welt. „Ich bin nicht von dieser Welt. Ich bin von oben gekommen." Auch den Pharisäern damals war klar, dass damit weder ein Dachgeschoss noch das Bergland von Obergaliläa gemeint war, sondern dass Jesus ohne Umschweife erklärt hatte, von Gott zu stammen.

Als würde diese Aussage nicht schon genug Zündstoff in sich bergen, erklärte Jesus nur wenige Verse weiter: „Ehe Abraham war, bin ich." Dieser unverdächtig anmutende Satz mit dem merkwürdigen Gebrauch der Zeitformen war pures Dynamit. Liest man ihn auf Hebräisch, dann bekommt das „Ich bin" eine ganz neue Bedeutung: Es ist der Name Gottes, „Jahwe".

Eigentlich gibt es nur zwei Möglichkeiten, darauf zu reagieren: Entweder war Jesus ein Mann, der den Realitätsbezug total verloren hatte, ein Gotteslästerer, oder er ist tatsächlich Gott.

Was unausweichlich zur Frage führt, wie wir auf seinen Anspruch reagieren.

Die Leute damals wollten ihn steinigen.

Zum Sündenbock machen
In die Wüste schicken

„Und der Bock, auf welchen das Los für Asasel gefallen ist, soll lebendig vor den Herrn gestellt werden, um auf ihm Sühnung zu tun, um ihn als Asasel fortzuschicken in die Wüste..“
3. Mose 16,10

Der „Alte Fritz“, besser bekannt als König Friedrich II. von Preußen, hatte einen betagten Barbier. Allmorgendlich um vier Uhr kam der Mann ins königliche Schlafgemacht geschlurft, um den adligen Frühaufsteher zu rasieren. Leider war der Bartstoppelbevollmächtigte ein unverbesserlicher Freund des Branntweins, was seinem Handwerk nicht gerade förderlich war. Allmorgendlich saß der König eingeseift auf einem Hocker und schaute misstrauisch auf das zitternde Rasiermesser. Nicht ohne Grund. In letzter Zeit hatte der Barbier immer öfter die königlichen Wangen lädiert.
Als er eines Morgens wieder einmal abrutschte, platzte Friedrich der Kragen. Wutentbrannt wies er den klapperigen Mann zurecht: „Das liegt nur am elenden Alkohol!“ Der Barbier war um eine Antwort nicht verlegen: „Ganz genau, Eure Majestät. Der macht die Haut so spröde!“

Wenn es darum geht, einen Sündenbock zu finden, sind wir erfinderisch. Der Schuldige ist irgendwo da draußen! Hauptsache, wir bleiben makellos. Und wenn wir dann einen passenden Sündenbock gefunden haben, schicken wir ihn in die Wüste. Meist im übertragenen Sinn: Der Schuldbeladene rutscht auf unserer Image-Skala auf minus sieben, weit entfernt von jeglicher Chance, wieder in den Kreis der Vertrauten aufgenommen zu werden. Nicht selten allerdings wurden echte (oder eingebildete) Schuldige auch ganz buchstäblich in die Wüste geschickt. Eine beliebte Strafe bei Königen, Bossen und andere Despoten: Egal, ob Sandschippen in der Wüste Gobi oder Schneeschieben in Sibirien. Hauptsache der Übeltäter war weg.

Interessanterweise wurde das Prinzip des Sündenbocks schon vom Volk Israel praktiziert. Allerdings mit einem echten Bock. Einmal jährlich, am 10. Tag des 7. Monats (nach heutiger Zeitrechnung im September/Oktober), fand der große Versöhnungstag statt. Vor den Augen des versammelten Volkes warf der Hohepriester das Los über zwei Ziegenböcke. Der erste Bock, den das Los „für den Herrn" traf, wurde als Opfer für die Sünden des Volkes geschlachtet. Auf den zweiten Bock fiel das Los des „Asasel". Diesem Tier stemmte der Hohepriester die Hände auf den Kopf und sprach für das ganze Volk das Sündenbekenntnis. Danach wurde das Tier in die Wüste geführt, wo es sich selbst überlassen wurde. In der jüdischen Überlieferung war „Asasel" der Name eines Wüstendämons. Über die Bedeutung des Namens streiten sich die Gelehrten. Doch egal, ob man „verlassener Ort" oder „Gottestrotzer" übersetzt; die Bedeutung der symbolischen Handlung ist glasklar: Mit diesem Bock wurden die Missetaten des gesamten Volkes aus dem Lager geschafft und bildlich gesprochen wieder dem Verursacher, dem Teufel überlassen.

Waren die Fehler des Volkes damit ungeschehen gemacht? Natürlich nicht. Auch damals galt: passiert ist passiert. Würde das Volk im nächsten Jahr nie wieder vom rechten Weg abweichen? Auch das war mehr als unwahrscheinlich.

Das „In die Wüste schicken" änderte nichts am wahren Problem: an der Unfähigkeit des Menschen, ohne Schuld zu leben. Immerhin gab das Ritual verschiedene Fingerzeige: Erstens: Schuld musste eingestanden werden, damit man sie loswurde. Zweitens: Ein echter Mittler zwischen Gott und Mensch war unerlässlich. Einer, der sich selbst die Verfehlungen der Menschheit aufbürden würde.

1.500 Jahre später wurde dieser Mittelsmann Realität. Ehe wir also wieder mal jemand anderes für unsere Fehler zum Sündenbock machen: bekennen wir sie lieber. Ein anderer hat sich schon zum Sündenbock für uns gemacht.

Bleibe im Lande und nähre dich redlich

„Hoffe auf den HERRN und tue Gutes; bleibe im Lande und nähre dich redlich.“
Psalm 37,3

Christoph Kolumbus stapfte auf sein Flaggschiff, die Karavelle Santa María zu. Am nächsten Tag würde es losgehen. In seinem Kopf schwirrten die letzten Planungsdetails herum. Vielleicht doch noch Brausevitamintabletten für die Matrosen besorgen? Ach wo, das würde die Warmduscher nur verzärteln. Stattdessen lieber drei zusätzliche Fässer mit Pökelfleisch. Jawoll.

Abrupt wurde er in die Realität zurückgerufen. Irgendjemand zerrte an seinem Umhang und würgte ihm die Atmung ab. Genaugenommen war es nicht irgendjemand, sondern seine Gemahlin. Ein letztes Mal noch wollte sie versuchen, ihn zur Räson zu bringen: „Ruhm und Ehre willst du erwerben, du Fantast? Ein Sitzkissenaufschüttler hat größere Erfolgsaussichten als du! Möchtegern-Seewegsentdecker! Bleibe im Lande und nähre dich redlich!“ Das traf den Entdecker hart. Er ging tief in sich und blies die Reise in letzter Sekunde ab.

Man stelle sich das nur mal für einen Moment vor! Was wäre, wenn sämtliche Erfinder, Eroberer, Entdecker oder Künstler den Spruch vom „im Lande bleiben“ beherzigt hätten? Dschingis Khan hätte mit seinem Schwiegervater Ponys gezüchtet, anstatt Asien umzuwälzen. Picasso hätte eine Karriere als Tapezierer eingeschlagen und als Durchschnittsbürger seine Angst vorm Zahnarzt überwunden. Albert Einstein wäre technischer Experte dritter Klasse am Patentamt in Bern geblieben und E=mc2 wäre bekanntgeworden als die Formel für einen Erdbeerfizz mit mächtig viel Champagner.

Und unsereins? Wir wären allesamt biedere Butterfassstampfer, würden im Land bleiben und uns redlich, aber cholesterinreich ernähren.

Immer dann, wenn ein junger Springinsfeld etwas anpacken will, das zweieinhalb Nummern zu groß scheint, findet sich auch ein übervernünftiger Mensch und leiert jenes Sprichwort herunter. Klingt wie das Lebensmotto von einem, der auch noch im Bett den Sturzhelm aufbehält.
Und doch soll der unternehmungslustige David diesen Vers geprägt haben. Er, der schon als Teenager den strammen Goliath aufmischte? Das erscheint gelinde gesagt merkwürdig und ist auch nicht ganz richtig. In dieser Form gibt's den Vers nur in der alten Lutherbibel. Im Original schrieb der King gar nicht: „Bleibe im Land", sondern „Lebe im Land". Ein kleiner Unterschied mit großer Wirkung: „Bleibe im Lande" besitzt das Aroma der Stagnation: „Versuch es gar nicht erst. Egal, was ‚es' auch sein mag. Verschreib' dich dem hausbackenen Leben." Demgegenüber hat „Lebe im Lande" eine ganz andere Dynamik: „Sei engagiert in deinem Umfeld!"

Wenn man weiter liest, merkt man, dass es David gar nicht zuerst um den Gegensatz von Stagnieren oder Agieren geht, sondern um eine praktische Ethik. Er stellt uns andere Teilnehmer im Marathon des Lebens vor: halbseidene Helden, deren Erfolg in die Höhe schießt wie eine Feuerwerksrakete. Scheinbar beneidenswert. Aber der Dichter-König lässt sich den Blick nicht vernebeln. Er weiß, dass diese Typen genauso raketengleich mit einem Knall im Nichts enden werden.
Davids Hoffnung ging weit über kurzatmige Erfolge hinaus. Sie machte sich am Schöpfer aller Dinge fest, der für ihn zur Quelle integren Handelns wurde. Wenn wir uns diese Hoffnung zu eigen machen, ist damit auf keinen Fall garantiert, dass wir nur noch Erfolge feiern werden. Vielleicht werden wir unser ganzes Leben lang kleine Brötchen backen. Doch auf ewige Sicht ist das Wenige des Aufrechten mehr wert als der Überfluss des Übeltäters. Und auch in der Diesseitigkeit macht der Redliche einen Unterschied. Wie anders könnte meine Umwelt aussehen, wenn ich im Land leben und mich redlich nähren würde!

Perlen vor die Säue werfen

„Ihr sollt das Heiligtum nicht den Hunden geben, und eure Perlen nicht vor die Säue werfen, auf dass sie dieselben nicht zertreten mit ihren Füßen und sich wenden und euch zerreißen.“
Matthäus 7,6

Mal abgesehen davon, dass ich weder Perlen noch Säue besitze, bin ich begeistert von dieser brillanten und drastischen Aussage, nicht nur wegen ihrer Anschaulichkeit. Gemeinhin wird damit angedeutet, dass ein wertvolles Geschenk, eine wichtige Botschaft oder ein geschmackvolles Objekt an jemanden weitergegeben wird, der – um's im adäquaten Jargon auszudrücken – absolut keine Checkung hat.
Und weil ich nicht mit dem Finger auf andere Nichtwürdige zeigen wollte, bin ich in mich gegangen und habe meine private „Perlen-vor-die-Säue“-Hitliste zusammengestellt. Perlen, mit denen ich arme Sau überhaupt nichts anfangen kann sind zum Beispiel:
Auf Platz Eins: Logenplätze für das Endspiel der Fußballweltmeisterschaft.
Auf Platz Zwei: Ein Tanzkurs. Egal ob für lateinamerikanischen, Disko-, Ausdrucks- oder Squaretanz. Schon der Gedanke daran schüttelt mich (unrhythmisch).
Auf Platz Drei: Ein Jahresabo der BILD-Zeitung.
Zugegeben: Der Fakt, dass ich ein tanzunwilliger Fußballverächter bin, der fünfzehnzentimetergroße Überschriften nicht ausstehen kann, ist nicht sehr objektiv, unter anderem auch, weil die Nachrichten erfindende Journaille ganz klar eine falsche Perle ist. Trotzdem könnte man problemlos Leute finden, die ob solcher Geschenke jubilieren würden. An den Schreiber dieser Zeilen wären sie verschwendet.

Und genau darum geht es im Originalzitat: Um Verschwendung von Schätzen. Geprägt wurde der Ausspruch in der Bergpredigt von Jesus Christus. Eigentlich war es gar keine Predigt, sondern eine Art Unterricht für seine Nachfolger. Denen wurden einige Prinzipien präsentiert,

die für die damaligen Zuhörer unerhört klangen. Und nicht nur für sie. Bis zum heutigen Tag diskutieren Theologen und Theolügner über die Praktikabilität dieser Worte. Dabei geht es gar nicht um eine neue Weltordnung für die alte Erde. Jesus sprach über neue Ordnungen für Gottes neue Welt! Zwischen beiden Sätzen liegen im wahrsten Sinne des Wortes Welten.
Doch zurück zu den Perlen: Als Jesus den Vergleich anführte, sprach er nicht nur von Schweinen, sondern auch von Hunden. Beide Tiere waren für fromme Juden nicht unbedingt die auserlesensten Modelle aus Gottes Schöpfung. Schweine waren unrein und deshalb nicht essbar. Räucherschinken ade! Und auch die Hunde waren nicht des Menschen treueste Gefährten, sondern vielmehr räudige und halbwilde Kreaturen. Mit diesen Fakten im Kopf kommen wir zur Preisfrage: Aus welchem Grund sollte jemand im Vollbesitz seiner geistigen Kräfte einem miserablen Schwein wertvolle Perlen vorwerfen, oder einem profanen Hund das Heilige anbieten? Die Antwort: Aus keinem.

Doch die Warnung kommt nicht von ungefähr. Denn wir tragen in uns den Hang, Schätze zu verschleudern. Oder im Gegenzug Wertvolles möglichst billig aufzusaugen. All jene Talkshows, die täglich neu private Dramen präsentieren, dabei so mitfühlend das Gesicht verziehen und sich letztlich nur am aufpolierten Elend weiden, sind nichts weiter als multimediales Perlenwerfen.
Und die Nachfolger des Mannes von Nazaret machen keine Ausnahme. Auch sie besitzen ihre privaten Schatzkästchen. Erfahrungen im Leben mit Gott: klein oder groß, wunderbar oder irdisch, wohltuend oder schmerzhaft. Die Gute Nachricht ist, dass der Schöpfer seinen Geschöpfen nahegekommen ist. All das darf und soll weitergegeben werden. Die Frage ist nur: Wie? Und an wen?
Schließlich handelt es sich hier nicht um Schleuderware, die partout raus muss. Nicht um neues Material für schenkelklopfende Witzbolde, denen nichts heilig ist. Weitergeben um jeden Preis ist sinnlos, weil wirkungslos. Und kann gefährlich sein: Die Hunde könnten uns zerreißen. Deshalb besser nicht mit Perlen kegeln!

Der schreit ja nach Prügel!

„Die Lippen des Toren geraten in Streit, und sein Mund ruft nach Schlägen."
Sprüche 18,6

Kalle und Jan waren im Urlaub in den Vereinigten Staaten von A. Die beiden waren Kumpels seit dem Kindergarten und blickten voller Stolz auf eine Menge unsinniger Schandtaten zurück: Reißzwecken auf dem Lehrerstuhl, Rauchen auf dem Schulklo, Pepperoniwettessen auf Partys und Bauwagenumkippen danach. Und nun waren die mittzwanziger Singles in ihrem gemieteten Cadillac unterwegs in Sachen Tourismus. Seit einer Woche. Kalle war griesgrämig: „Andauernd dieselbe staubige Landschaft. Da hätte ich mir auch ein Foto an die Waschmaschine kleben und den Schleudergang einlegen können, hätte denselben verwackelten Effekt gehabt – und ich hätte mir's aus der Badewanne anstarren können, mit einer kühlen Flasche in der Hand!" „Bleib ruhig, alter Schwede. Ist doch super, die Gegend. Außerdem solltest du mal dein Sehorgan ausfahren: Da vorn ist eine Kaschemme, da halten wir an und du bekommst deinen Seelentröster. Danach fahr ich mal eine Weile."
Die „Kaschemme" entpuppte sich als zünftige Biker-Bar, komplett mit der charakteristischen Armada chromglänzender Maschinen davor und der zugehörigen Truppe langbärtiger tätowierter Rocker darinnen. Kalle war nicht beeindruckt. Mit Schwung knallte er die in einem Zug geleerte Flasche auf den Tisch: „Das ist doch alles nicht real! Wetten, die Typen sind lammfromme Statisten zur Aufheiterung der zahlenden Kundschaft?" Ohne eine Antwort abzuwarten, stapfte er an die Theke, zupfte einem Zwei-Meter-Fünfzig-Hünen am Gesichtshaar und fragte: „Ist der Bart echt, Rocker-Opa?"
Die schlagkräftige Reaktion erfolgte nach genau 1,65 Sekunden.

Menschen vom Naturell des – seit kurzem zahnlosen – Kalle, wird oft unterstellt, dass sie regelrecht nach Prügel schreien. Nicht akustisch hörbar. Trotzdem, die Untertitel ihrer Handlungen sind deutlich lesbar.

Theoretisch sollte man annehmen, dass niemand im Vollbesitz seiner geistigen Kräfte sich nach einer Tracht Prügel sehnt. In der Praxis aber leben wir in einer kaputten Welt, und genug Leute betragen sich so, als wäre Dresche das Allergrößte. Manche vielleicht, um sich zu beweisen, dass sie noch am Leben sind. Andere, um sich selbst gerecht zu prügeln – so wie die mittelalterlichen Flagellanten, jene selbstauspeitschenden Büßer. Aber lassen wir diese Kranken und Getriebenen beiseite und wenden uns der schier unüberschaubaren Gruppe der Narren zu. Ich meine damit nur bedingt jene Zeitgenossen, die zu Karneval gewollt fröhlich durch die Gegend jecken. Nein, die Narren, die ich meine, wurden vor knapp 3.000 Jahren vom König Salomo in über 80 Sprüchen beschrieben. Und diese niemals aussterbende Spezies animierte ihn auch zu seinem bekannten Ausspruch über das Schreien nach Prügel.

Dabei waren Salomos Kommentare zur Torheit eigentlich nur Nebenprodukt seiner Weisheits-Thesen. Dankenswerterweise war er so aufmerksam, uns seine Definition eines weisen Menschen mitzuteilen. Was war sein Ansatz? Lebenslanges Studium? Askese? Meditation? Ginseng-Kapseln?

Weit gefehlt. Die Essenz seiner Lehre lässt sich in einem Satz zusammenfassen: Weisheit beginnt mit Gottesfurcht. Um Missverständnissen vorzubeugen: Es handelt sich dabei nicht um religiöses Muffensausen, sondern um Ehrfurcht. Mit anderen Worten: Ich werde weise, wenn ich mein Leben nach Gottes Ideen lebe.

Natürlich ist diese Definition dem postmodernen Hochgeschwindigkeitsmaterialisten zu einfältig. Seiner Meinung nach sollte Gott sich mit einer Handvoll religiöser Rituale zufriedengeben und gefälligst dankbar sein für seinen Platz auf dem Abstellplatz der Gesellschaft. Aber der Mensch denkt und Gott lenkt – der Mensch dachte und Gott lachte...

Glauben bedeutete noch nie, den Verstand an der Garderobe abzugeben. Weder sollen Fromme nach Prügel schreien, noch sich zaghaft dafür entschuldigen, dass sie existieren, sondern im Vertrauen auf ihren Gott leben und den Mund aufzumachen. Aber Vorsicht! Manchmal gibt's auch für die Wahrheit Schläge.

Mit Blindheit geschlagen sein

„Und sie kamen zu ihm herab; und Elisa betete zum Herrn und sprach: Schlage doch dieses Volk mit Blindheit! Und er schlug sie mit Blindheit nach dem Worte Elisas.“
2. Könige 6,18

Der König Kallamanga, absoluter Herrscher eines verschollen geglaubten Reiches im undurchdringlichen Dschungel, saß in seinem gewaltigen säulengestützten Thronsaal. Eine Krone in feinziselierter Arbeit, übersät mit erlesenen Edelsteinen, schmückte sein edel geschnittenes Haupt. Dreiundzwanzig ornamentierte Stufen führten zum goldenen Thron hinauf, der sich auf einem erhöhten Podest befand. Über dem Herrscher schwebte ein diamant- und rubinbesetzter Baldachin. Zwei Sklaven mit niedergeschlagenen Augen fächelten ihrem Gebieter frische Luft zu, während der gesamte Hofstaat auf den Knien vor ihm verweilte und auf seine Anweisungen wartete. Ein Duft von Weihrauch vermischte sich mit dem frischer Blütenblättern, die in silbernen Wasserbecken schwammen. Im Hintergrund war ätherisches Saitenspiel zu vernehmen.
Krachend schwang die fünf Meter hohe Doppeltür zum Thronsaal auf. Herein trat Cowboy-Schulz, den feschen Krempenhut über ein Ohr gezogen, die rindslederne Peitsche zusammengerollt in der linken Hand. In schlammigen Stiefeln schlurfte er an den 400 Sklaven vorbei, die lang ausgestreckt auf dem Bauch lagen. In der Mitte des Saales angekommen, ließ er seinen Blick über die Massen schweifen und durchbrach das geschockte Schweigen mit der Frage: „Wer ist hier der Chef?“

Ja, ja – ein alter Kalauer. Der aber plastisch illustriert, wie jemand sieht und doch nichts wahrnimmt. Justament mit Blindheit geschlagen! Der Ursprung der Redewendung findet sich in einer ganzen Handvoll von Bibelstellen. Zwar nicht die erste, aber – wie ich finde –spannendste Geschichte, ist die des Propheten Elisa, die sich irgendwann um das Jahr 850 v. Chr. zutrug.

Eine Hauptbeschäftigung der damaligen Könige war der Kriegszug. Dem wollte sich auch der König von Aram nicht entziehen. Er hatte einen Hinterhalt geplant, um Joram von Israel in die Finger zu bekommen. Aber der kam nicht. Immer wieder wich er dem Zugriff der Aramäer aus. Beim ersten Mal konnte das noch Zufall sein. Beim zweiten Mal Glück. Aber als der Hinterhalt auch weiterhin misslang, wurde dem Aramäer mulmig zumute. „Wie kann…“, so fragte er sich, „…wie kann ein Plan, den ich im kleinsten Kreise in meinem Schlafzimmer ausklamüsere, dem König von Israel zu Ohren kommen?“ Die Antwort seiner Agenten: Der Prophet Elisa warnte den König. Übernatürlicherweise.

„Das ist gemein!“ fand der aramäische König und sandte seine Truppen aus, um Elisa einzukassieren. Sie umstellten die kleine, auf einem Hügel gelegene Stadt Dotan, in der sich der Prophet befand. Eine scheinbar aussichtslose Situation – das große Heer auf der einen Seite, der Prophet mit seinem Diener auf der anderen. Doch nur auf den ersten Blick.

Elisa tat zwei Dinge: Zum einen bat er darum, dass Gott seinem verängstigten Diener die Augen für die göttliche Realität öffnen möge. Prompt sah der junge Mann den ganzen Hügel voller feuriger Pferde und Wagen – die himmlische Kavallerie war eingetroffen. Zum zweiten betete Elisa darum, dass das gesamte Heer mit Blindheit geschlagen würde. Worauf der Prophet höchstpersönlich die Orientierungslosen zum König Joram nach Samaria führte. Hier bekamen sie ihr Sehvermögen zurück und wurden außerdem verköstigt und in Frieden heimgeschickt.

Trotz der knapp drei Jahrtausende Abstand ist die Geschichte aktuell. Mehr noch, sie ist zeitlos. Auch heute gibt es unzählige Situationen, in denen ich auf verlorenem Posten stehe. Mir gegenüber ein Heer scheinbar unüberwindbarer Gegner. Aussichtslos! Vor allem deshalb, weil meine Augen für die wahren Realitäten geschlossen sind. Ein blindes Huhn mag vielleicht mal ein Korn finden – ein geistlicher Blindgänger aber wird zwangsläufig zum Schwarzseher. Dabei ist der Augenöffner nur ein Gebet entfernt.

Mit zweierlei Maß messen
Ein gerütteltes Maß

„Gebt, und es wird euch gegeben werden: ein gutes, gedrücktes und gerütteltes und überlaufendes Maß wird man in euren Schoß geben; denn mit demselben Maße, mit welchem ihr messet, wird euch wieder gemessen werden.“
Lukas 6,38

Tanken ist eine riskante Angelegenheit. Zumindest in Télimélé, der afrikanischen Kleinstadt, in der wir wohnen. Dabei spreche ich gar nicht von der Zigarette im Mund des Tankwarts. Sondern von der Verfügbarkeit des Kraftstoffs an der einzigen Tankstelle im Umkreis von vier Autostunden. An zwölf von vierzehn Tagen hatte man schlicht und ergreifend Pech und keinen Tiger im Tank. Kam doch einmal ein Tankwagen (was ein- oder zweimal pro Monat geschah), dann wurde mit zweierlei Maß gemessen. Eine Hälfte des Sprits pumpte der Tankstellenpächter in die unterirdischen Kessel. Die andere Hälfte füllte er in 20 l-Kanister und verscherbelte sie auf dem Schwarzmarkt. Dort gab es mehr Moneten.
Wenn die Buschtrommeln verkündeten, dass Sprit eingetroffen war, bestand sofortiger Handlungsbedarf. Ich rangierte unseren Wagen unauffällig zur Tankstelle und grüßte den Tankwart ehrerbietig wie den Erfinder des Big Mac. Schließlich entschied er darüber, wessen Tank zu Fülle kommen würde. Außerdem lag ein gerüttelt Maß an Arbeit vor ihm. Im wahrsten Sinne des Wortes. Selbst, wenn der Sprit mit schaumigen Blasen über die Karosserie lief: der Tank war noch lange nicht voll. Mit ganzem Köpereinsatz warf sich der Herr der Zapfpistolen gegen das Auto und brachte es in schaukelnde Bewegung. Wäre doch gelacht, wenn man in den Schläuchen und Rohren nicht irgendwo noch Platz finden könnte. „Voll“ bedeutete für den Tankwart – frei nach David – „Mein Einfüllstutzen fließet über“. Aber auch mit der Schunkeltechnik kam der Tank irgendwann ans Ende seines Fassungsvermögens. Meist zeigte die Zapfsäule dann ein Verkaufsvo-

lumen mit vielen Ziffern nach dem Komma. Der Tankwart verkaufte aber nur ganzzahlig. Ließ sich leichter rechnen. Weshalb er die Realität ignorierte und ein halbes Maß auf dem Boden verteilte. Greenpeace hätte dazu sicher gern ein gerüttelt Maß angemerkt.

Spricht man im übertragenen Sinne von einem „gerüttelt Maß", dann hat das nur wenig mit Kraftstoff, aber viel mit „viel" zu tun. Egal ob es um eine Menge Arbeit oder reichlich Schulden geht – denn dafür steht diese wertneutrale Redewendung. Überhaupt nicht wertneutral ist es dagegen, wenn man von jemandem sagt, dass er mit zweierlei Maß misst. Denn damit behauptet man, dass er ein falscher Fuffziger sei, der ein und dieselbe Sachlage nicht unparteiisch, sondern nach Nase beurteilt. Sicherlich kein Kandidat fürs Bundesverfassungsgericht.
Diese Gedankensprung zur Justiz ist übrigens gar nicht so weit hergeholt. Der Ursprungsvers für beide Redewendungen ist nämlich in einen Text über das Richten eingebettet. Jesus Christus ermahnt darin seine Jünger, eben das zu unterlassen. Ehe hier Missverständnisse entstehen: Im Bibeltext geht nicht darum, die Rechtspflege zu begraben, sondern um einen Aufruf zur Barmherzigkeit.
Gefragt sind nicht herzlose Scharfrichter, die andere brandmarken, aber für eigene Fehler blind sind. Auch nicht egozentrische Krämerseelen, die jeden Pfennig einfordern und dabei auf ihrem Vermögen sitzen, wie Onkel Dagobert persönlich. Wer so agiert, hat schon verloren, denn er wird nach denselben Grundsätzen beurteilt werden. Gott misst nicht mit zweierlei Maß. Diese Wahrheit soll uns nicht lähmen, sondern zum Geben motivieren. Denn wer gibt, bekommt es im wahrsten Sinne des Wortes von Gott heimgezahlt. Und zwar nicht nur im Maßstab eins zu eins. Unser Leben wird überquellen. Wie ein Tankstutzen in Télimélé.

Himmelfahrtskommando

„Und es geschah, da er sie segnete, schied er von ihnen und fuhr auf gen Himmel.“
Lukas 24,51

Die meisten denken bei einem Himmelfahrtskommando an irgendein enges, nur unzureichend von rotem Licht erhelltes Kabuff (wahlweise Erdloch oder Helikopter), in welchem mehrere beengt sitzende vierschrötige Kerle in Tarnkleidung sich Farbe ins Gesicht schmieren und ihre meterlangen Messer wetzen, während sie scheinbar gelangweilt auf den gemeingefährlichen Einsatz warten. Jeder weiß, dass die Chancen für eine Rückkehr auf den eigenen zwei Beinen bei nur 4 Prozent liegen. Aber allesamt grinsen dem Tod gelassen ins Gesicht. Soweit die Action-Film-Version.

Ich denke bei einem Himmelfahrtskommando an Paternoster. Nicht an das Vaterunser – lateinisch „Paternoster“. Auch nicht an den Rosenkranz, der auch so genannt wird – wegen der elften Kugel in der Kette, die den geübten Katholiken zum Vaterunser anhält.
Nein, ich denke an den Paternosteraufzug. So genannt, weil – genau wie beim Rosenkranz – etliche Fahrkörbe an zwei endlosen Ketten stetig umlaufen. Weshalb es den Paternoster immer im Doppelpack gab. Links ging's nach oben, rechts abwärts. Als Steppke ließ ich keine Gelegenheit aus, mit meinem Vater im städtischen Rathaus die abenteuerliche Fahrt zu machen.
Der mutige Schritt in die herannahende offene Kabine, wenn sie noch unter dem Bodenniveau war. Der Absprung in ein Obergeschoss, und die wackeligen Knie, wenn man wieder festen Boden unter die Füße bekam. Und der größte Adrenalinstoß: Einfach in der Kiste zu bleiben, wenn sie im Dachgeschoss umgelenkt wurde. Der wohlig-gruselige Gedanke, dass die Fahrkabine dort oben (vielleicht!) auf den Kopf gestellt würde. Na ja – irgendwie kamen wir trotzdem immer mit den Füßen zuerst unten an.

Die gefährlichen Aufzüge werden schon lange nicht mehr gebaut. Wahrscheinlich gab's zu viele umgeknickte Knöchel, abgebrochene Absätze und ins Erdgeschoss verbannte Rentner. Für mich aber bleibt der Paternoster DAS Himmelfahrtskommando. Vielleicht, weil der für mich damals schon ein Stück Himmel war...

Ich finde, es ist ein großes Missverständnis, irgendwelche kriegerischen und „todsicheren" Missionen mit dem Etikett „Himmelfahrtskommando" zu bekleben. Das erste Ereignis dieser Sorte hatte absolut nichts mit Sterben zu tun. Ganz im Gegenteil! Als Jesus Christus sich auf den Weg in Richtung Himmel machte, musste er sich nicht mehr davor fürchten, sein Leben zu verlieren. Er war schon längst gestorben.
Angst vorm Tod? Das Umgekehrte war der Fall: Der Tod hatte allen Grund, Jesus Christus zu fürchten. Er hatte den Gottessohn nicht festhalten können. Der hatte ihn besiegt, als er am dritten Tag auferstand und dem Felsengrab entstieg.
Als er in den Himmel fuhr, lebte er schon seit 40 Tagen ein neues, unsterbliches Leben. Und dieses Leben war – nein vielmehr ist – so lebendig, dass ein normaler irdischer Körper es weder aufnehmen noch beherbergen kann. Für diese Art Leben braucht man eine komplett neue Körperlichkeit. Oder wie Paulus es formulierte, während er sich auf den Bauch klopfte: „...dieses Verwesliche muss Unverweslichkeit anziehen und dieses Sterbliche Unsterblichkeit." Das mag schwer erklärbar sein. Aber es ist um einiges abenteuerlicher als eine Fahrt im Paternoster.
Gibt es also keine Himmelfahrtskommandos mehr? Mitnichten! Bevor Jesus diese Erde verließ, machte er klar, dass er wiederkommen würde. Und seine Leute würden gen Himmel emporgehoben, um ihn abzuholen. Wir können Teil seines Himmelfahrtskommandos werden.
Die Mission: Mit ihm zu leben. Ewig und unsterblich.

Ein ellenlanger Brief

„Und er sprach zu mir: Was siehst du? Ich aber sprach: Ich sehe einen fliegenden Brief, der ist zwanzig Ellen lang und zehn Ellen breit.“
Sacharja 5,2

Es gibt Menschen, die haben die Gabe der Länge, die der sprachlichen. Wenn sie einen Sachverhalt wahlweise mit zwei oder zwanzig Worten erläutern könnten, dann brauchen sie siebzig.
Nehmen wir an, ein solcher Wortgewaltiger erwartet einen Besucher. Der möchte mit der Eisenbahn anreisen und fragt nach einer kurzen Wegbeschreibung vom Bahnhof zur Wohnung. Für das Papier des Antwortbriefes müssen ganze Wälder abgeholzt werden, denn schon die beiden Stichworte „Eisenbahn“ und „Bahnhof“ veranlassen den Weitschweifigen zu exorbitanten schriftlichen Umwegen: Er schildert in glühenden Farben, wie das englische Parlament im Jahre 1801 die Konzession für die erste öffentliche Pferdeeisenbahn erteilte. Er schreibt voller Emotion über Lokomotiven mit Dampfantrieb, wägt den Diesel- gegen den Elektromotor ab und sinniert über die Zukunft von Magnetschienenbahnen. Nach acht Seiten kommt er schließlich am Bahnhof an. Aber immer noch kein Wort zur Wegbeschreibung. Stattdessen die interessante Bemerkung, dass schon Goethe die Station benutzt hätte, wenn der Geheimrat zur Zeit ihrer Einweihung noch gelebt hätte. Außerdem erklärt der Redselige, dass das Bauwerk zu den zehn hässlichsten Bahnhöfen Deutschlands gehört und die Herrentoilette nur gegen Entgelt zu benutzen ist. Erst auf Seite sechszehn, nach unzähligen weiteren Ergüssen, findet man im Postskriptum des Epistels die Anmerkung: „Übrigens, ich wohne drei Häuser rechts vom Bahnhof.“

Wer denkt, dass solche Aufzeichnungen schon lang sind, sollte beim Propheten Sacharja nachlesen. Der hatte es mit einem wirklich ellenlangen Brief zu tun. In einer Vision sah der junge Mann eine Schriftrolle, die zwanzig Ellen lang und zehn breit war.

Dazu ein kleiner Exkurs in biblisch-räumlicher Metrik: Die kleinste Einheit der Länge war damals die Fingerbreite. Vier Fingerbreiten ergaben eine Handbreite, drei Handbreiten eine Spanne, und zwei Spannen eine Elle. Danach wird's etwas schwieriger. Es gab der Ellen zwei: Die normale Elle betrug um die 45 cm, die „königliche" oder auch „frühere Elle" jedoch war 52,5 cm lang. Sie wurde vor allem für heilige Dinge verwendet. Und weil Sacharja als prophetischer Priester sicherlich mit dem alten Mass vertraut war, kann man annehmen, dass sein ellenlanger Brief zirka 10,50 m lang und 5,25 m breit war.
Sacharja sah die Schriftrolle Mitte März des Jahr 520 vor Christus. Es handelte sich um die sechste von insgesamt acht Offenbarungen, die er wahrscheinlich alle in einer einzigen Nacht hatte.
18 Jahre zuvor hatte der persische König Kyros II den Juden erlaubt, nach Jahrzehnten der babylonischen Gefangenschaft in ihre Heimat zurückzukehren. Etwa 50.000 Juden waren zwei Jahre später dem Erlass gefolgt. Sie hatten begonnen, den Tempel wieder aufzubauen. Allerdings hatten sie die heiligen Quader schnell links liegen gelassen und sich ihren luxuriösen Eigenheimen zugewandt. Und das war nicht das einzige Problem: Diebstahl und falsches Schwören im Namen Gottes hatten gigantische Dimensionen angenommen.
Gottes Antwort war der gigantische Brief: Ein Fluch für alle, die glaubten, dass ihre bösen Taten übersehen waren. Der unübersehbare Brief machte das Gegenteil klar: Die eleganten Häuser der Diebe und Lügner würden über Nacht vernichtet werden, weil sie auf schlechtem Fundament errichtet waren.
Wann immer es ungerecht zugeht in dieser Welt; wann immer es so scheint, als würde das Böse triumphieren: Der ellenlange Brief macht uns klar, dass nichts übersehen ist. Er ist kein langatmiges Epistel. Eher schon ein Denkzettel in Großbuchstaben, der verspricht: Ein Größerer hat das letzte Wort.

Möge der Kelch an mir vorüber gehen!

„Und er ging ein wenig weiter und fiel auf sein Angesicht und betete und sprach: Mein Vater, wenn es möglich ist, so gehe dieser Kelch an mir vorüber; doch nicht wie ich will, sondern wie du willst.“
Matthäus 26,39

Franzens ganzes Leben bestand aus einer endlosen Reihe von Kelchen, die nicht an ihm vorüber gingen. Davon war er fest überzeugt. Ein metaphorisches Wetttrinken gegen den Rest der Welt. Das begann schon als Erstklässler. Die Zuckertüte fand er noch ganz in Ordnung. Aber er ließ sich kein Stück von den quietschfidelen A-B-C-Liedern der Klasse 2a blenden. Auf keinen Fall wollte er dieses gefährliche Etablissement betreten. Doch alles Heulen und Zähneknirschen nützte nichts. Er musste rein. Und blieb drin. 12 Jahre lang. In diese Zeit fielen weitere Kelche: der Schwimmunterricht, die Tanzstunde, die Posaunenlektionen und die sonntäglichen Rommee-Abende. Nicht zu vergessen die unzähligen Examen: Pfadfinder-, Realschul-, Moped-, Abi-, Auto-, Facharbeiter- und Diplomprüfungen.
Ein einziges Mal ging tatsächlich ein Kelch an ihm vorüber, nämlich, als er frisch nach seiner Konfirmation in einer anderen Kirche am Abendmahl teilnehmen wollte und die Frommen den fremden Franz nicht für voll nahmen.
Widerwillig wuchs er zu einem behäbigen Mittzwanziger heran. Er schob eine ruhige Kugel bei einer Behörde und träumte davon, in Rente zu gehen. Doch diese Illusion wurden eines Nachts von einem Kelch mit dem Volumen eines Tanklastzuges weggespült. Er lag schlafend in seinem Bett, als ein Sonnenbrillen tragender Muskelmann in schwarzer Lederkluft mit der linken Faust seine Zimmertür zerschlug und ihn mit lebloser Stimme ansprach: „Franz Connor? Ich bin ein Terminator mit metallenem Endoskelett und allem drum und dran. Ich soll dich auf deiner immerwährenden Flucht beschützen, damit du in der Zukunft die Welt retten kannst.“ Betäubt setzte Franz sich im

Bett auf und schluckte: „Das passt mir jetzt aber gar nicht!“ Worauf der Cyborg ihn kühl musterte und entgegnete: „Ich komme wieder!“

Immer erwischt es die Falschen! So empfinden es zumindest die Franze dieser Welt. Wo Optimisten eine Chance oder zumindest eine Herausforderung sehen, können die Stirnrunzler nur problemgefüllte Trinkgefäße lokalisieren, denen sie entgehen wollen. Auch wenn es nur um ihre Bequemlichkeit und noch lange nicht ums Leben geht. Es kommt eben immer auf die Perspektive an. Und darauf, wofür man leiden soll.

Jesus Christus wusste genau, für wen er leiden würde. Für jeden einzelnen von Gott entfremdeten Menschen. Er wusste auch genau, was auf ihn zukam: Verhaftung, Verhör, Folter und ein langsamer, qualvoller Tod. Dabei waren das „nur“ die äußeren Symptome. Jesus war auch klar, dass ihn am Kreuz außerdem die totale Trennung von Gott erwartete. Und das war für ihn, der bisher jeden Atemzug seines irdischen Lebens im Einklang mit seinem himmlischen Vater gelebt hatte, schlicht unerträglich. Deshalb ging er in jener Nacht im Garten Gethsemane sowohl innerlich als auch äußerlich in die Knie und bat: „Vater, erspare mir diesen Kelch. Ich will ihn nicht austrinken.“ Doch damit hörte sein Gebet nicht auf. Ein schlichter Satz machte den Unterschied: „Aber nicht, wie ich will, sondern wie du willst!“

Es war die schwierigste Aufgabe des Universums, diesen Satz nicht nur auszusprechen, sondern ihn dann in Realität von A bis Z durchzubuchstabieren. Denn es bedeutete, Gottgleichheit und ewiges Leben aufzugeben. Weshalb es auch nur einen gab, der in der Lage dazu war, diesen Kelch der Gottverlassenheit bis zum Grund auszuleeren, damit der an uns vorüber gehen kann.

Jemandem den Garaus machen

„Die Güte des HERRN ist's, dass wir nicht gar aus sind; seine Barmherzigkeit hat kein Ende..."
Klagelieder 3,22

Der Wind fauchte durch die engen Straßen des verwahrlosten Viertels und kündigte das herannahende Gewitter an. Er wehte Plastiktüten und Dreckwolken vorbei an rostigen Autos und heruntergekommenen Gründerzeithäusern mit abblätterndem Putz und grasbewachsenen Dachrinnen. Obwohl es erst später Nachmittag war, hatten sich schon einige der Straßenlaternen angeschaltet und ließen die gesprungenen Fenster der Gebäude wie blicklose Augen erscheinen.

Rüdiger schauerte zusammen. Automatisch beschleunigte er seinen Schritt. Nur weg hier! Ein instinktives Gefühl veranlasste ihn, den Kopf zu heben. Er erstarrte. Da stand jemand auf der gemauerten Balkonbrüstung im Dachgeschoss eines Altbaus! Es war die Silhouette einer Frau, die sich von den schnell dahinziehenden Wolken abhob. Unsicher stand sie auf dem Mäuerchen, bereit, sich jeden Augenblick von der Wand abzustoßen.

Rüdiger blickte umher. Niemand war zu sehen. Es lag an ihm allein! Eine erhabene Regung schwoll in ihm an, der Ruf des domestizierten Supermanns. Ohne weiter nachzudenken, stürzte er auf den Hauseingang zu, riss die alte Tür auf und rannte bis ganz nach oben. Die Tür zum Dachboden stand halboffen. Langsam schritt er hindurch und näherte sich dem Balkon. Die Frau auf der Brüstung sah ihn aus den Augenwinkeln und zuckte zusammen. Mit erschrockener Stimme rief sie: „Kommen Sie nicht näher! Bleiben Sie, wo Sie sind!"

Rüdiger versuchte zu Atem zu kommen. Er hob beruhigend seine Hände und sagte mit der gleichförmigen Stimme eines Wort-zum-Sonntag-Sprechers: „Ganz ruhig. Ich will nur mit Ihnen reden!"

Die Frau verkrampfte merklich: „Warum? Es gibt nichts zu reden. Ich bin fertig! Es ist vorbei!" Rüdiger versuchte, alle Wärme in seine Stimme zu legen: „Nein, es ist nicht vorbei, glauben Sie mir!" „Doch. Es ist aus und vorbei. Ich habe das Antennenkabel vollständig durchgezogen! Und jetzt lassen Sie mich runtersteigen!“

Die Doppeldeutigkeit unseres „Es ist aus!“ existierte auch schon im Spätmittelalter. Damals waren die Leut’ noch lautmalerischer und spendierten der Wortgruppe ein zusätzliches „gar“. Eine Sache war nicht nur „aus“, sondern „gar aus“. Was nichts anderes bedeutete als „vollständig aus“, „am Ende“.
Heut wird die Redewendung vom „Garaus“ fast ausschließlich als sonnige Umschreibung für eine Mordtat benutzt. Wenn zum Beispiel das Gesundheitsamt protokolliert: „Die Schulköchin machte mit ihrer Kelle der Kakerlake den Garaus.“
Wenn Martin Luther in den fünfzehnhunderter Jahren auf Reisen war und zu vorgerückter Stunde im Gasthaus saß, hörte er allnächtlich von draußen der Ruf: „Es ist gar aus!“ Damit wollte der Nachtwächter nicht andeuten, dass die Welt gerade unterging oder das Jakob der Reißer (alias Jack the Ripper) im Mansfelder Land unterwegs war. Nein, er verkündete nur die Sperrstunde, zu der die Gastwirtschaften schließen mussten.

Davon inspiriert, verwendete der Reformator den Ausdruck mindestens neun Mal auch in seiner Bibelübersetzung. Ganz egal, wem diese Wendung in den Mund gelegt wurde; ob Nehemia, Hesekiel, Maleachi oder in unserem Fall Jeremia: fast immer ging es darum, dass Gottes Gnade mit den Menschen eben nicht „gar aus“ ist.
Ganz im Gegensatz zu unserem eigenen Erbarmen. Das hat meist engere Grenzen als eine Tischtennisplatte. Und wenn eine Aktion unserer Mitmenschen außerhalb der sorgfältig definierten Linien aufschlägt, dann rufen wir schnell „Gar aus!“ und fordern unser Recht ein. Unser Erbarmen will verdient sein.
Nicht so bei Gott. Seine Gnade ist unbezahlbar – und muss deshalb auch nicht bezahlt werden. Das sind doch gute Nachrichten! Selbst wenn wir am Ende sind, Gottes Barmherzigkeit für uns ist es nicht.

Auf dem Trockenen sitzen

„Im 601. Lebensjahr Noahs, am ersten Tage des ersten Monats vertrocknete das Gewässer auf Erden. Und Noah entfernte das Dach von der Arche und sah, dass der Erdboden trocken war.“
1. Mose 8,13

Was für ein Tag! Noch am Morgen war Mario mit seinen beiden Reisetaschen ein unbeschriebenes Blatt in einer fremden Stadt gewesen. Jetzt, am Abend, hatte er einen Studentenausweis in der Tasche und war stolzer Bewohner von Wohnheimzimmer III/254. Mit Kitchenette. Es gab nur ein Problem: Er hatte vergessen einzukaufen und saß, was Nahrungsmittel betraf, total auf dem Trockenen. Grund genug, der Studentenkneipe einen Besuch abzustatten.
Das Lokal war gut besucht. Durch die Tischreihen schlängelte sich ein waschechter langhaariger, stoppelbärtiger, ewiger Studentenkellner. Mario setzte sich lässig an einen der Tische. Mal sehen, was die Speisekarte hergab. Ein warmes Essen plus Cola wären lecker... Er signalisierte dem Ober, dass er bestellen wollte. Der Mann nickte ihm aus zehn Metern Entfernung zu; er hatte verstanden. Nur eine Minute später war er wieder da und knallte dem überraschten Neu-Studiosus wortlos einen überdimensionalen Humpen vor die Nase, voll mit Bier. Der schwappende Gerstensaft beruhigte sich nur langsam. Mario auch. Er verabscheute Bier! Und hatte nun einen ganzen Liter des Gebräus vor der Nase.
Er starrte das Glas an und fasste einen heroischen Entschluss: Wenn er nun schon für das Bier zahlen müsste, würde er das Glas auch leeren, weshalb er den ganzen Abend an seiner Maß hing und alle zehn Minuten ein mikroskopisch kleines Schlückchen nahm. Was hätte er dieses eine Mal dafür gegeben, auf dem Trockenen zu sitzen!

In der Umgangssprache ist das der Fall, wenn man am Ende der eigenen Ressourcen angekommen ist. Das Bild entstammt der Schifffahrt.

Logischerweise sehnt sich kein Käpten danach, mit seinem Boot auf dem Trockenen zu sitzen.
Eine Ausnahme dieser Regel war der erste Seefahrer der Weltgeschichte. Noah saß vollständig auf dem Trockenen und war dankbar dafür. Er hatte mit seiner Familie ein ganzes Jahr lang darauf gewartet.
Zehn Generationen nach Adam war die Welt moralisch am Ende. Bosheit und Gewalt bestimmte den Alltag. In diese Situation hinein erhielt Noah von Gott den Auftrag, die Arche zu bauen. Ein Schiff zur Rettung seiner Familie und der Tierwelt, mitten auf dem trockenen Land. Wahrscheinlich sägten und hämmerten Noah und seine Söhne jahrelang an dem gigantischen hölzernen Kasten und machten sich zum Gespött der Leute.
Bis zu dem Tag, an dem die Flut kam. Da lachte keiner mehr. Innerhalb von Stunden war die gesamte Menschheit vernichtet außer den acht Leuten, die in der Arche monatelang über die unermessliche Weite trieben. Selbst, als das Gefährt schließlich im Gebirge auf Grund lief, vergingen viereinhalb Monate, ehe Noah seinen Fuß auf trockenen Boden setzen konnte und den ersten Regenbogen sah.
Die Erinnerung an die Sintflut hat sich nicht nur im Alten Testament gehalten. Rund um den Globus gibt es gut 250 Legenden darüber. Egal, ob man in Südamerika oder China, bei den Maoris oder den Eskimos nachfragt, das Menschheitsgedächtnis hat das unbeschreibliche Gericht nicht vergessen.
Doch Noahs Geschichte handelt nicht nur von unbestechlicher Gerechtigkeit, sondern auch von unbegreiflicher Güte. Gott hätte Tabula rasa machen und sich neue, zwei-fünfzig große, hellblaue Geschöpfe mit mehr Hirn und mehr Gehorsam basteln können. Aber er gab den Menschen eine weitere Chance. Aber nicht nur diese.
Bis heute lässt seine Liebe uns nicht auf dem Trockenen sitzen.

Ein zweischneidiges Schwert

„Denn Honig träufeln die Lippen der fremden Frau, und glatter als Öl ist ihr Gaumen; aber ihr Letztes ist bitter wie Wermut, scharf wie ein zweischneidiges Schwert."
Sprüche 5,3.4

Energiegeladen öffnete Jochen die Wohnungstür und rief: „Tausendschönchen! Ich bin zu Hause!" Janine, seine frischvermählte bessere Hälfte, kam flugs um die Ecke getänzelt. „Edelstein, ich habe eine tolle Überraschung! – Ich habe für dich gekocht. Eine Suppe!" Stolz führte sie ihren Angetrauten ins Esszimmer. Auf dem gedeckten Tisch war das volle Programm aufgefahren: brennende Kerzen, Rotwein im Dekanter, dezente Blumengestecke, handbestickte Damastservietten und das guten Porzellan, inklusive Terrine. Mit leichter Hand verteilte Janine die Suppe auf den Tellern.
Etwas mulmig war Jochen schon zu Mute, als er nach dem Löffel griff. Er kannte Janines Kochkunst, beziehungsweise deren vollständige Abwesenheit. Vorsichtig sondierte er die Suppe. Rein optisch schien sie harmlos zu sein. Er sah vom Teller auf und blickte direkt in die erwartungsvollen Augen seiner Frau. Mit einem jungenhaften Lächeln auf den Lippen führte Jochen den Löffel zwischen dieselben. – Unglaublich. Das Gebräu schmeckte noch viel abscheulicher als er befürchtet hatte. Er benötigte seine gesamte Selbstbeherrschung, um ein Entgleisen des Gesichts zu verhindern, während er sich gleichzeitig darum bemühte, die Brühe nicht über den Tisch zu prusten.
Beinahe ängstlich fragte Janine: „Und?" – „Und was?" „Na, wie ist die Suppe?" Jochen war in einer zweischneidigen Situation. Sollte er schonungslos ehrlich sein? Ihr sagen, dass die Bouillon eine Gefahr für die Menschheit war? Oder sollte er hemmungslos lügen, sich das Spülwasser herunterzwängen und behaupten, es sei ein Gedicht? Beide Möglichkeiten waren ihm unbehaglich. Weder wollte er schwindeln, noch seinen Augenstern verletzen. Seine Gedanken rasten wild umher.

Was sollte er tun? Da kam die Erleuchtung. Er antwortete mit einem einzigen Wort: „Interessant!"
Ein befreiendes Lächeln breitete sich auf dem Gesicht der katastrophalen Köchin aus. Der Abend war gerettet.

Wäre es nicht großartig, wenn man sich immer so salomonisch aus jeder zweischneidigen Zwangslage befreien könnte? Bedauerlicherweise kommen in der Realität auf einen Salomo zweitausend Simplicissimusse. Und die haben gewöhnlich die Wahl zwischen zwei Alternativen, von denen eine nicht empfehlenswert und die andere dafür katastrophal ist. Der Tritt in den Fettnapf ist vorprogrammiert, weshalb es nicht unweise scheint, die Ansichten des echten Salomos in Augenschein zu nehmen. Er wählte im Buch der Sprüche das zweischneidigen Schwert als Vergleich für das Finale einer Verführung. Im negativen Sinne. Es scheint nötig, auf diesen Nachsatz besonders hinzuweisen, denn Verführung ist zur Tugend mutiert. In einer von Werbung diktierten Welt muss alles verführerisch sein: Kleider, Nahrung, Autos, selbst Klopapier.
Spricht man heute von verführerischen Lippen, dann meint man eine gut platzierte Kolagenspritze mit reichlich Lipgloss drüber.
Für Salomo sind verführerische Lippen der erste Schritt auf dem Weg zum Ehebruch. Und genau wie ein gezielter Hieb mit einem zweischneidigen Schwert endet Untreue tödlich. Sicher nicht immer im buchstäblichen Sinn, doch nichtsdestotrotz ist der Tod real. Er kriecht in das schwindende Vertrauen zwischen Ehepartnern. Er zerstückelt das spirituelle Leben und verwandelt die Seele in einen lädierten Zombie. Heilung ist zwar möglich, doch Narben bleiben.
Der König wusste, wovon er sprach. Schließlich war er selbst das Resultat einer legalisierten Affäre, die mindestens zwei Menschen das Leben kostete. Deshalb sollte man ihn nicht als überzogenen Sittenprediger abtun, sondern „en garde" bleiben. Untreue ist kein harmloses Mantel- und Degenstück, bei dem am Ende alle Beteiligten schelmisch grinsen.

Jemandem das Maul stopfen

„Solches werden die Frommen sehen und sich freuen; und aller Bosheit wird das Maul gestopft werden."
Psalm 107,42

Die Hubertstraße Nummer 6 war ein Haus mit marodem Charme. Mit anderen Worten: eine Ruine. Doch auch wenn es von außen schien, als würde der Ziegelhaufen beim nächsten Windstoß zusammenstürzen: Im Inneren herrschte preußische Ordnung! Jedenfalls, wenn es nach Carola ging. Carola war eine ordnungsliebende Frau. So ordnungsliebend, dass es schon fast an eine Zwangsneurose grenzte. Alles musste geregelt sein. In ihrer Wohnung war das kein Problem. Da konnte sie schalten und walten, wie's ihr gefiel. Überall klebten kleine Zettel. An der Wohnungstür stand: „Straßenschuhe ausgezogen?" An der Toilette: „Hingesetzt?" Am Waschbecken: „Wasserhahn zu?" Wenn es für etwas eine Norm gab, musste es normiert werden.
Das hörte auch im Hausflur nicht auf. Carola hatte der gesamten Mieterschaft etwas zu sagen. Die große Eingangsdurchfahrt mit dem zweiflügeligen Tor war mit zahllosen Zetteln behängt. Darauf standen rein äußerlich sehr höfliche Fragen. Aus unerfindlichen Gründen schien jedoch zwischen den Zeilen immer eine versteckte Drohung zu schweben.
„Asche schon kalt?" klebte neben der Plastikmülltonne. „Tür leise geschlossen?" hing direkt neben der Frage: „Schlüssel zweimal im Schloß umgedreht?" Daneben hingen in gleichmäßigem Abstand 17 weitere Erkundigungen der Preisklasse „Heute schon gekehrt/gewischt/gebohnert?", „Ist dieser Lärm wirklich nötig?", „Fahrrad angeschlossen?", „Hunde und Kinder angeleint?", „Muss die Grillkohle im Hausflur stehen?"
Die anderen Bewohner des Hauses, allesamt liederliche Studenten der schlimmsten Sorte, litten gar mächtiglich unter der Verzettelung. Es war deshalb nur eine Frage der Zeit, bis ein vorwitziger Mitbewohner einen Wisch an die Haustür klebte, auf dem die Frage prangte: „Hosenstall zu?"

Das stopfte Carola das Maul. Sechs Tage lang.
Am siebten hingen drei neue Blätter im Flur.

Jemanden das Maul stopfen? Das gehört sich doch nicht! Höfliche Menschen lassen einander ausreden. Zumindest in der Theorie. Heutzutage, wo jeder seinen Senf dazugeben und ihn als Schlagsahne verkleiden kann, wirkt der Ausspruch zumindest ungezogen. Ein wenig klingt er sogar nach der achten Todsünde, Intoleranz. Auweia!
Wenn man's bei Flurlicht besieht, ist die Zettelwirtschaft an der Wand ja eigentlich erträglich und irgendwie auch gerechtfertigt. Andere Wortmeldungen im täglichen Leben sind es weniger. Seien wir ehrlich. Jeder hat sich schon mal gewünscht, dass einem besonders rabiaten Großmaul ebendieses gestopft würde. In unserer Welt gibt es zu viele große Töne, zu viele leere Versprechungen und viel zu viel himmelschreiende Bosheit.
Und zu viele, die etwas zu sagen hätten, werden mundtot gemacht. Was ist die Lösung? Lauter schreien als der Mob?
Wohl kaum. Sein ist mehr als schrei'n. Oder, wie ein weiser Chinese gesagt hätte, wenn's nicht vorher schon einem Franzosen eingefallen wäre: „Deine Taten sprechen so laut, dass ich deine Worte nicht hören kann." Dieser Satz ist wahr, selbst wenn man sich im Alltag manchmal so verloren und übertönt fühlt, wie ein Klassik-Liebhaber in der Technodisko.
Gefühle dieser Sorte kannte auch der Schreiber des Psalms Numero 107. Trotzdem versank er nicht in einem unaufhörlichem Lamento. Im Gegenteil – er sang Loblieder, alle 43 Verse des Psalms hindurch. Sein großer Vorteil war, dass er den Weg vom Ziel her bewertete. Er wusste, dass einmal die Zeit kommen wird, in der die Bosheit das Maul nicht nur halten muss, sondern es definitiv gestopft bekommt. Von dem, der das allerletzte Wort hat.

Unheilschwanger

„Es ist niemand, der eine gerechte Sache vorbringt, und niemand, der redlich richtet. Man vertraut auf Nichtiges und redet Trug; mit Unheil sind sie schwanger und gebären Verderben."
Jesaja 59,4

Bange Blicke schwirrten in unserer Klasse hin und her, als an diesem Mittag zum außerordentlichen Appell gerufen wurde. Uns schwante nichts Gutes. Die Wolken hingen irgendwie tiefer, die Temperatur schien plötzlich um drei Grad gesunken zu sein – und ein tiefes, unheilschwangeres Schweigen waberte über den versammelten Klassen auf dem Schulhof. Dann, mit trockener, ausdrucksloser Stimme, begann unsere Direktorin eine Stehgreifrede. Ihre Worte erschienen uns sogar noch weit unheilschwangerer als die Stille davor.
„Ich hatte bisher gedacht, dass ich mich auf meine Schülerinnen und Schüler verlassen könnte. Vertrauen gegen Vertrauen. Doch die heutigen Ereignisse haben mich auf schmählichste – ich wiederhole – aufs schmählichste enttäuscht. Klasse 7 a, tretet hierher nach vorn."
Tatsächlich. Unsere Klasse. Es konnte nur schlimmer werden. Mit einem mulmigen Gefühl in der Magengegend schlurften wir vor die Versammlung. „Diese Klasse hat die Impertinenz und Frechheit besessen, heute während der kleinen Hofpause das Schulgelände zu verlassen. Nicht nur das. Sie haben dabei auch in grob fahrlässiger Weise diverse vandalische Akte begangen." Allgemeines Unverständnis in der Schülerschaft. – „Sie haben einen Bauwagen umgeworfen." Ach so. „Mit Bollerofen und frühstückenden Bauarbeitern drin."

Mit ihren verurteilenden Worten erreichte unsere Direx genau das Gegenteil: Unsere Klasse stieg in den Augen der Anderen bis an die Spitze der Coolness-Liste. Eigentlich war es ja gar nicht „die Klasse" gewesen. Sondern nur zwei Chaoten, die einen Stapel Ziegelsteine unter der Anhängerstange des einachsigen Bauwagens weggekickt hatten. Aber weil unsere Klasse sowohl in guten als auch in unvernünftigen Zeiten zusammenhielt, kassierten wir auch gemeinsam den obligatorischen Klassentadel.

Normalerweise enden unheilschwangere Situationen nicht so glimpflich. Im Gegenteil. Wir verknüpfen mit dem Wort Erfahrungen der wirklich unangenehmen Sorte. Jene Ereignisse, die sich mit unhörbaren und unheilschwangeren Trompeten ankündigen. Der Moment vor der fristlosen Kündigung gehört genauso in diese Kategorie wie der Augenblick, kurz bevor das untrennbar verbundene Paar seine Trennung bekannt gibt. Allesamt Ereignisse der Kategorie „Muss ich wirklich dabei sein?"

Damals, als der Prophet Jesaja das Wort „unheilschwanger" zum ersten Mal unter die Feder nahm, schloss er niemanden von dieser Einschätzung aus. Das Volk Israel war in einem bedauernswürdigen Zustand. Recht hatte, wer am meisten dafür zahlte. Der Gewiefteste brachte die meisten Schäfchen ins Trockene. Der Charakterloseste besaß die meisten Fans und der Oberflächlichste bekam seine eigene Talkshow.

Der grundlegendste Unterschied zur Gegenwart besteht vor allem darin, dass wir uns heute die ganze Chose live und in Farbe von zuhause aus anschauen können.

Mit dem Wort „unheilschwanger" beschreibt Jesaja also gar keine missliche Situation, sondern stattdessen missliche Leute. Menschen, die eine verderbliche Schwangerschaft durchleben, an deren Ende die Geburt eines hässlichen Fratzes namens „Verderben" steht. Und wer jetzt mit ausgestrecktem Zeigefinger auf Diktatoren, Waffenhändler und Aktienanalysten zeigt, dem sei versichert, dass der Prophet zuallererst Otto Normalverbraucher im Visier hatte.

Ist seine Weltsicht zu pessimistisch? Es kommt ganz auf den Maßstab an, mit dem man den Zustand der Welt misst. Legt man die biblische Richtschnur an, dann fallen wir allesamt todsicher durchs Raster. Trotzdem ist Jesaja Optimist. Nur 16 Verse weiter schreibt er vom kommenden Erlöser.

Und zirka 600 Jahre später war dann eine junge Frau namens Maria schwanger, dieses Mal allerdings mit dem Heil der Welt. Eine gesunde Abwechslung.

Feuertaufe

„Ich taufe euch mit Wasser zur Buße; der aber nach mir kommt, ist stärker denn ich, dem ich nicht genugsam bin, seine Schuhe zu tragen; der wird euch mit dem Heiligen Geist und mit Feuer taufen.“
Matthäus 3,11

Heinrich war der stolze Besitzer einer digitalen Videokamera. Bei jeder erdenklichen Gelegenheit hielt er sich das kleine Stück Technik vors Auge und dokumentierte Urlaube, Familienfeiern und den verstopften Gulli um die Ecke. Logisch dass der rastlose Videochronist auch auf die Hochzeit eines Freundes eingeladen wurde, um die Zeremonie nebst folgender Verlustierung aufs Band zu bannen. Heinrich rotierte und sprang fortwährend durch den Saal, immer auf der Suche nach passendem Blinkwinkel und überraschendem Motiv. Sieben Stunden und drei Kassetten später war langsam die Luft heraus.
Um den Abend romantischer zu gestalten, hatten die Organisatoren siebenhundert Teelichter im Raum verteilt und dafür die Deckenbeleuchtung gedimmt. Heinrich schaltete auf Nachtsichtmodus und ließ das Objektiv schweifen. Da – das frischvermählte Paar tanzte eng aneinander gedrückt zu beseelten Melodien. Heinrich wurde warm ums Herz. Das heißt, wenn er richtig darüber nachdachte, wurde ihm eigentlich eher warm am Ellenbogen. Wärmer. Noch wärmer. HEISS!!!
In diesem Moment teilte seine Frau ihm mit: „Heinrich, du brennst!“
Ohne Rücksicht auf Verluste schlug Heinrich mit der Linken die Flamme aus, während er mit rechts gnadenlos weiter filmte. Seine linke Hand war durch schwärzliche Plastikfäden mit dem Brandloch im Ärmel verschweißt und roch nach einem Chemieunfall. Es war ihm egal. Er hatte die Feuertaufe bestanden. Sein Polyesteranzug nicht.

Die erste Autofahrt nach der Führerscheinprüfung, die alberne Mutprobe, um in die Clique aufgenommen zu werden, der erste Tag des Dachdeckerlehrlings auf dem Kirchturm – all das wird gemeinhin mit dem Wort „Feuertaufe“ umschrieben: Ein mit Spannung erwartetes erstes Mal; ein Ereignis, das hoffentlich gut enden wird, aber durchaus auch schiefgehen könnte.

Dabei gibt es diese Wortschöpfung im Deutschen erst seit Martin Luther. Der Reformator machte die Feuertaufe durch seine Übersetzung des Neuen Testaments populär. Fortan wurde mit diesem Wort häufig die erste (und oft auch letzte) Schlacht junger Soldaten bezeichnet. Und manchmal auch der Märtyrertod auf dem Scheiterhaufen.

Doch eigentlich meinte Luther etwas ganz anderes. Er leitete das eingängige Wort von einem Zitat Johannes des Täufers ab. Als der damals im Jordan taufte, sprach er immer wieder davon, dass nach ihm einer kommen würde, der mehr zu bieten hätte. Kein Untertauchen im schlammigen Jordanwasser, stattdessen eine Feuertaufe. Die Umstehenden verstanden damals nicht, wovon der Täufer sprach. Nur wenige glaubten ihm, als er sagte, dass Jesus von Nazareth dieser Messias sei.

Doch dann wurde Jesus ans Kreuz geschlagen und ins Grab gelegt. Alles schien vorbei. Die Berichte über seine Auferstehung und Himmelfahrt zündeten nicht. Seine Jünger blieben unter sich. Bis zu jenem Tag, als plötzlich die Luft in Wallung geriet und Feuerflammen auf den Köpfen der Jesusnachfolger erschienen. Das sichtbare Zeichen eines dramatischen Wandels. Aber es war nicht die Flamme auf den Köpfen, die alles änderte, sondern das Feuer in ihren Herzen. Es hielt sie nicht in ihren vier Wänden. Sie mussten einfach von ihrem auferstandenen Herrn weitererzählen. Mit dem unglaublichen Ergebnis, dass 3000 Menschen diese Botschaft durchs Herz drang – und es ebenfalls entzündete.

Dabei war es keine ekstatische Erfahrung, die das Feuer entfachte, sondern der Geist Gottes, der in ihre Herzen einzog. Und auch wenn dieses Pfingstfestes vor knapp 2000 Jahren einmalig blieb und man heute kaum Feuerflammen auf den Köpfen sieht: Christsein beginnt mit Feuertaufe.

Nach jemandem bzw. etwas kräht kein Hahn

„Da fing er an, sich zu verwünschen und zu schwören: Ich kenne den Menschen nicht! Und alsbald krähte der Hahn.“
Matthäus 26,74

Rico logierte schon fast eine Woche auf dem Bauernhof. „Gönnen Sie sich eine Auszeit!“, hatte sein Arzt ihm gesagt. „Das Dorf wird Ihnen gut tun!“ Der Doktor hätte nicht falscher liegen können. Nach fünf Tagen Landleben war Rico total fertig.

Es lag an den Nächten! Er konnte einfach nicht einschlafen, ihm fehlte die gewohnte Geräuschkulisse: die quietschenden Straßenbahnen, die wummernden Bässe vorbeifahrender Autos. Stattdessen: Stille. Wenn man die zirpenden Grillen nicht zählte. Und wenn Rico aus purer Erschöpfung kurz vor dem Morgengrauen doch noch in einen flachen, traumlosen Schlaf fiel, dauerte der nicht lange. Schuld war eine bestialische Kreatur. Der Hahn. Noch bevor die Morgendämmerung am Horizont zu sehen war, stieß das Tier seine unartikulierten Schreie aus. Rico hatte immer gedacht, ein Gockel würde „Kikeriki“ machen. Dieser hier klang wie Beethovens Neunte. Rückwärts abgespielt. Und jedes Mal, wenn Rico schläfrig hoffte, dass es vorbei wäre, kam noch eine brachiale Fanfare.

In seiner Verzweiflung kam ihm eine trotzige Idee. Er pulverisierte eine halbe Schlaftablette, mengte sie unter eine Handvoll Hühnerfutter und ließ den Gockel die Mischung aufpicken. Dieses Mal würde Rico ausschlafen!

Im Traum erschien ihm Tarzan und starrte ihn schweigend an. Plötzlich öffnete er den Mund und begann unmenschlich zu schreien, so laut, dass Rico schweißgebadet im Bett auffuhr. Er schielte auf seinen Wecker: halb fünf. Doch obwohl er aufgewacht war, ging das Geschrei aus seinem Traum weiter. Jetzt konnte er sogar Worte unterscheiden: „HEINZ! Heeeeeinz! Der Hahn schnarcht!“

Wenn nach einer Sache kein Hahn mehr kräht, will man damit sagen, dass die Angelegenheit so bedeutungslos ist, dass sich niemand darum kümmert. Abgeleitet ist die Wendung von einem Ereignis, nach dem aber sehr wohl der Hahn gekräht hatte...

Noch kurz vor der Verhaftung seines Meisters hatte Petrus getönt: „Selbst wenn mit dir sterben müsste – ich halte zu dir." Seine Selbsteinschätzung erhielt einen massiven Dämpfer, als Jesus ihm antwortete: „Heute Nacht, noch bevor der Hahn kräht, wirst du dreimal leugnen, mich zu kennen!"

Wenige Stunden später hatte eine bewaffnete Horde Jesus gefangen genommen. Petrus war bis zur Residenz des Hohenpriesters hinter dem Zug her geschlichen. Was für ein Schock, als plötzlich eine Dienerin zu ihm trat und sagte: „Du warst auch mit Jesus!" Er leugnete und zog sich in eine dunkle Ecke zurück. Auch dort wurde Petrus erkannt und stritt zum zweiten Mal alles ab. Doch die Umstehenden waren aufmerksam geworden: „Klar warst du mit ihm – dein Dialekt verrät dich!" Da brach es aus ihm heraus: „Ich will verflucht sein, wenn ich diesen Menschen kenne!" Seine Worte waren kaum verklungen, da krähte der Hahn...

Die folgenden Tage müssen unerträglich für Petrus gewesen sein. Gefüllt mit Hoffnungslosigkeit und Schuldgefühlen. Bis zu jenem Moment, als der Auferstandene ihn beiseite nahm. Dreimal fragte Christus: „Hast du mich lieb?" Genauso oft, wie er verleugnet worden war. Ein Umstand, der sicher auch Petrus nicht entging. Er begriff, dass es im Leben mit seinem Meister nicht um große Versprechungen oder um Ehrfurcht gebietende Leistungen ging. Mit leeren Händen stand er da und sagte: „Herr, du weißt alles – auch, dass ich dich lieb habe!"

Und das ist die Botschaft des lärmenden Flattermanns: Versagen kann ausgeräumt werden. Und dann kräht kein Hahn mehr danach.

Im selben Boot sitzen

„Und er war im Hinterteil des Schiffes und schlief auf einem Kopfkissen; und sie wecken ihn auf und sprechen zu ihm: Lehrer, liegt dir nichts daran, dass wir umkommen?“
Markus 4,38

Raumschiff Entenpreis schwebt wieder mal in höchster Gefahr. Ein gefährlicher Ionensturm hat das Schiff gepackt und schüttelt es gnadenlos durch. Die gesamte Brückenbesatzung hüpft im Takt auf ihren Sitzen von links nach rechts und schüttelt die Föhnfrisuren. Bis auf den glatzköpfigen Captain. Der schaut mit kritischem Blick Löcher in die Luft. Plötzlich ein greller Lichtblitz. „Report!“, fordert der Captain. Der neben ihm sitzende Commander meldet: „Der Warp-Antrieb zeigt schwere Partikelfluktuationen. In zehn Minuten wird der Kern brechen!“ Der Captain wendet sich an den Chefingenieur, der im Hintergrund wahllos auf diversen bunten Knöpfen herumdrückt. „Vorschläge?“ Der Techniker kratzt sich am Kinn: „Hm, wir könnten einen reversierten Tachion-Puls in den Ionensturm feuern. Der könnte die Subspace-Barriere durchbrechen und das Raum-Zeit-Kontinuum wieder ins Gleichgewicht bringen. Dazu müsste ich allerdings unsere Warp-Matrix so modifizieren, dass die Amplitudenmodulation synchron mit einer speziellen Interimsfrequenz harmoniert.“ Der Commander wirft ein: „Diese Operation ist gefährlich. Wir könnten von der Resonanz zerrissen werden!“ Doch der Captain antwortet kühl: „Das wird auch der Ionensturm in wenigen Minuten mit uns machen!“ Der Android schaut von seiner Konsole auf und präzisiert: „Das ist korrekt. In genau 8 Minuten und 34 Sekunden wird unser Schutzschild wirkungslos!“ Der Captain wendet sich an den Chefingenieur: „Wie lange brauchen Sie für die Modifikationen?“ „Mmh, ungefähr 20 Minuten!“
„Sie haben sieben! Und vergessen Sie nicht: Wir sitzen alle in einem Boot!“

Wieder einmal hat sich die Mannschaft des Raumschiffs mit pseudotechnischem Gebabbel aus einer aussichtslosen Situation herausgewarpt. Dafür lieben wir sie!

Allerdings bezweifle ich stark, dass diese Vorgehensweise auch in der Realität hilft. Nehmen wir zum Beispiel jenes kleine Fischerboot, welches an einem schönen Abend im zweiten Jahrzehnt unserer Zeitrechnung auf dem See Genezareth schwamm. Drinnen saßen Jesus Christus und seine zwölf Jünger. Es war ein anstrengender Tag gewesen. Deshalb schnappte der Meister sich ein Kissen, legte sich ins Heck des Bootes und schlief ein. Die Jünger setzten die Segel und nahmen Fahrt in Richtung des anderen Ufers auf. So weit so gut.

Plötzlich erhob sich ein heftiger Sturm. Mit besonderer Betonung auf „plötzlich" und „heftig". Zwar ist der Genezareth ein Binnensee, nur um die 21 km lang. Allerdings liegt er etwa 200 m unter dem Meeresspiegel und ist von 400 bis 500 m hohen Bergen umgeben. An diesen Berghängen entstehen immer wieder Fallwinde, die schwer vorhersehbare und ebenso schwer erträgliche Stürme erzeugen.

Besonders, wenn man in einem kleinen Fischerboot sitzt. Die Jünger jedenfalls palaverten nicht über den Fluxkompensator, sondern schöpften Wasser. Ihnen lief das Boot voll und die Zeit davon! Und Jesus? Der schlief. Aber nicht mehr lange; die Jünger weckten ihn: „Kümmert es dich nicht, dass wir umkommen?" Natürlich kümmerte es ihn. Jesus handelte sofort, bedrohte den Sturm und befahl dem See: „Schweig!"

Das hätte bizarr wirken können – wenn die Elemente nicht sofort gehorcht hätten.

Plötzlich war Stille ringsumher. Stille auch unter den Jüngern. Wer war dieser, dass sogar Wind und See ihm gehorchten?

Manchmal begreifen auch wir nur sehr langsam, mit wem wir es zu tun haben: Mit dem Herrn des Universums. Aber solange er mit im Boot sitzt, ist immer Land in Sicht.

Ungeschoren davonkommen

„Kein Schermesser ist auf mein Haupt gekommen, denn ein Geweihter Gottes bin ich von Mutterleibe an; wenn ich geschoren würde, so würde meine Stärke von mir weichen, und ich würde schwach werden und würde sein wie alle Menschen."
Richter 16,17

Neulich beging ich den Fehler, zum Friseur um die Ecke zu gehen. Ein kritischer Leser könnte aus diesem Satz ableiten, dass ich Vorurteile Friseuren gegenüber hege. Mitnichten! Das haarige Gewerbe ist zweifellos ein ehrenwertes, auch wenn es in Deutschland zu den schlechtbezahltesten gehört. Trotzdem kommen in unserer Stadt auf fünf Einwohner ungefähr drei Friseure. In kleinen Ladenlokalen firmieren sie unter hippen Namen, wie „haarwerk" oder „new wave" oder „creative hair team".
Ich dachte mir nichts Böses und betrat den letztgenannten Salon. Die Frisuren des Personals hätten mich stutzig machen sollen. Aber noch ehe mein Unterbewusstsein die Sirenen schrillen ließ, saß ich schon auf dem Frisierstuhl und bekam von der Azubiene den Kopf gewaschen. Das war noch angenehm. Gefährlich wurde es erst, als die Chefin herantrat und ihre Schere planlos und unter Zurücklassung großer Löcher über meinen Schädel schnappen ließ. Eine gefährliche Situation: Sollte ich gute Miene zu bösem Schnitt machen und wie fünf Mönche auf Klassenfahrt den Salon mit mehreren Tonsuren verlassen? Oder sollte ich die Fachfrau freundlich darauf hinweisen, dass sie meine Mähne massakrierte? „Nehmen Sie's nicht persönlich, aber der Schnitt ist eine Katastrophe!" Wer sagt das schon zu einer Person, die mit scharfen Instrumenten bewaffnet ist? Weshalb ich manisch grinste und dem Kahlschlag mit höflichen Anspielungen Einhalt zu gebieten suchte. Erfolglos. Ich kam nicht ungeschoren davon. Das frisierte Ergebnis erinnerte an einen Wischmob, den man zuerst in den Honigtopf getaucht und dann unter einen Rasenmäher gehalten hatte. Dabei hätte ich gewarnt sein müssen. Auf meinem Terminkärt-

chen stand deutlich gedruckt: „An so etwas Wichtiges, wie Ihren Kopf sollten Sie nicht irgend jemanden lassen!“ Nächstes Mal werde ich mir das zu Herzen nehmen.

Simson hatte ein ähnlich gelagertes Problem. Auch er ließ jemanden an seinen Kopf heran, der da eigentlich nichts zu suchen hatte. Bei ihm ging es allerdings um sehr viel mehr, als nur ein paar Löcher in der Frisur.
Simson lebte in chaotische Zeiten. Das Volk Israel litt seit Generationen unter der Fremdherrschaft der Philister. Schon von Geburt an war Simson dazu ausgewählt worden, das zu ändern. Deshalb lebte er als Gott geweihter Nasiräer. Was im Klartext bedeutete, dass es für ihn keinen Alkohol und keinen Friseurbesuch gab. Im Gegenzug empfing er übermenschliche Kraft. Allerdings benahm er sich weniger wie ein Retter und mehr wie ein hormongesteuerter Teenager. Weshalb es nicht überrascht, dass er in den Armen der schönen Delila endete, die ihm das Geheimnis seiner Kraft abluchste.
Man kennt das Ende der Geschichte, die von zahllosen Komponisten, Malern und Sandalen-Epos-Schreibern interpretiert wurde: Simson verliert sein Haar und damit auch seine Kraft, und wird zum blinden Mühlsteindreher und menschlichen Tanzbären. Er muss ganz unten ankommen, um sich auf seine wahre Stärke zu besinnen. Nicht auf sein nachgewachsenes Haar, sondern auf seinen Gott, der ihm ein letztes Mal übermenschliche Kraft gibt. Erst im Sterben erreicht Simson das, was er eigentlich hätte leben sollen. Was bleibt, sind ambivalente Gefühle.
Und die Moral von der Geschicht'? Wer meint, als starker Mann (oder starke Frau) von eigenen Gnaden zu leben, kommt ziemlich sicher nicht ungeschoren davon.

Den Seinen gibt's der Herr im Schlaf

„Vergebens ist es für euch, dass ihr früh aufsteht, spät aufbleibet, das Brot der Mühsal esst. Soviel gibt er seinem Geliebten im Schlaf."
Psalm 127,2

Wahrscheinlich war es Albert Einstein. Oder Reiner Maria Rilke. Eventuell auch Arnold Schwarzenegger. Irgendein intellektueller Heroe behauptete jedenfalls, dass man nachts die vortrefflichsten Inspirationen hat. Ist ja auch ganz logisch: Das Unterbewusstsein rödelt während der nächtlichen Ruhestunden vor sich hin und findet beinahe automatisch den Schlüssel, der einem den ganzen Tag lang entgangen ist. Die sprichwörtliche Problemlösung im Schlaf. Leider hat diese Problemlösung ein Problem: Man hat sie längst vergessen, wenn man am nächsten Morgen die Beine aus dem Bett schwingt. Der folgerichtige Ausweg: Man muss sich die Idee notieren.

Das ist sehr viel leichter gesagt als getan. Ich zum Beispiel versuche schon, seit ich meinen Namen zum ersten Mal in krakeligen Großbuchstaben an die Kinderzimmerwand geschmiert habe, meine nächtlichen Eingebungen niederzuschreiben, meist ohne Erfolg. Im Allgemeinen habe ich einen zündenden Geistesblitz, fahre schlaftrunken auf, rufe „Heureka" - und habe keinen Stift zur Hand. Ehe ich dann mit mir ausdiskutiert habe, ob es sich für jene kleinliche Idee überhaupt lohnt, aus dem Bett zu steigen und den wohligen Schlaf ganz abzuschütteln, bin ich schon wieder eingeduselt. Bei den paar Gelegenheiten, als vorsorglich ein Stift neben dem Kopfkissen lag, hatte ich kein Papier. Oder wahlweise kein Licht. Und wenn sowohl Stift als auch Papier und Licht vorhanden waren, hatte ich keine Idee. Oder ich wachte gar nicht auf.

Was irgendwie schade ist, denn im Traum erscheinen mir meine Ideen immer brillant. Das ändert sich spätestens dann, wenn ich mit großen Augen versuche, das unleserliches Gekrakel der Nacht zu entziffern. Was zum Beispiel bedeutet jener philosophische Spruch: „Schweine lernen den Sprung vom Dreier"? Mit zwei Ausrufezeichen. Ist mir doch egal. Ich lege heute trotzdem wieder einen Stift ans Bett.

„Den Seinen gibt's der Herr im Schlaf." – Wenn man diesen Satz mit einem ironischen Augenzwinkern von sich gibt, meint man damit, dass manchen Leuten das Glück einfach in den Schoß fällt. So wie Gustav Gans ziehen sie ständig das große Los, ohne sich anstrengen zu müssen.

Schön für sie. König Salomo, der Autor des Psalms, von dem der Spruch abgeleitet ist, meinte etwas ganz anderes. Er war überzeugt, dass Erfolg untrennbar mit Gottes Gegenwart verknüpft ist. Oder etwas stärker ausgedrückt: Wir können im Quadrat springen und im Akkord arbeiten. All das ist verlorene Liebesmüh, wenn wir nicht mit unserem Schöpfer rechnen.

Starker Tobak, in Anbetracht zahlloser Erfolgstypen, die sich einen Dreck um Gott und die Welt scheren und trotzdem Reichtümer aufhäufen. Mag sein, dass sie Millionen auf dem Konto haben. Erfolgreich sind sie in Gottes Augen nicht. Erfolg zeigt sich nicht im sozialen Status oder materiellen Besitz. Alle jene Wohlstandsevangelisten, die verkünden, dass jeder, der an Gott glaubt, automatisch zum Krösus mutiert, befinden sich auf dem Holzweg. Unser Schöpfer ist kein himmlischer Rudi Carrel, dessen einziger Job es ist, uns zu unterhalten und sämtliche Herzenswünsche zu erfüllen, egal wie abwegig sie auch sein mögen. Natürlich hält Gott für seine Leute täglich Überraschungen bereit. Er gibt uns zwar nicht immer, was wir wollen. Aber immer, was wir brauchen. Wer ihm vertraut, dem verspricht er ein erfülltes, zielbestimmtes und erfolgreiches Leben. Soviel gibt er den Seinen im Schlaf!

Geduldig wie ein Lamm
Opferlamm
Unschuldslamm
lammfromm

„Er wurde misshandelt, aber er beugte sich und tat seinen Mund nicht auf, gleich dem Lamme, welches zur Schlachtung geführt wird, und wie ein Schaf, das stumm ist vor seinen Scherern; und er tat seinen Mund nicht auf."
Jesaja 53,7

Die Hundedame namens Brownie war lammfromm. Eine schwanzwedelnde afrikanische Promenadenmischung von der Größe einer Damenhandtasche, doch mit dem Fassungsvermögen eines Dreißigtonners. Das wichtigste Kapital der Miniaturhündin waren ihre braunen Bambiaugen, die voller Unschuld nach oben blickten, ob's da nicht etwas zu essen gäbe.
Wann immer Brownie unbeobachtet vom Grundstück entkommen konnte, ging sie auf die Pirsch. Sie lebte in einer Art Hundehimmel, denn das hiesige Federvieh lief frei in der Landschaft herum. Zwar hatte sie in ihrem kurzen Leben durchaus schon gelernt, dass Geflügel Tabu war. Das hinderte sie jedoch nicht daran, trotzdem nach Hennen zu rennen. Stupide war die Bonsaiwölfin aber gewiss nicht. Denn ehe sie nach erfolgreicher Jagd wie ein Unschuldslamm in den Hof hüpfte, deponierte sie das geklaute Huhn heimlich im Gebüsch vorm Tor, um das Gewissen ihrer Besitzer nicht zu beunruhigen.

Nun: Ein Hund ist ein Hund ist ein Hund, weshalb es müßig ist, dem instinktgetriebenen Tier moralische Etikette wie „gut" oder „böse" anzuhängen. Über „schlecht erzogen" ließe sich verhandeln. Trotzdem gibt es unzählige tierische Bilder, mit denen wir unsere Mitmenschen charakterisieren: Man ist mutig wie ein Löwe, schlau wie ein Fuchs oder zäh wie ein Gummiadler. Besonders angetan hat es uns aber das

Lamm mit seinen Tugenden. Seien es die sprichwörtlichen friedfertigen Opferlämmer, die von Rowdys herumgeschubst werden, oder auch die menschlichen Unschuldslämmer, die sich meist nicht viel besser benehmen als die kleine tierische Hühnerdiebin. Geduldig wie ein Lamm warten sie auf ihre Gelegenheit, grasen fremde Weiden ab und verstecken die geklauten Leckerbissen, damit sie auch weiterhin lammfromm erscheinen.

Alle diese Redewendungen sind von einem Vers abgeleitet. Der Prophet Jesaja schrieb im gleichnamigen biblischen Buch unter anderem vier Lieder über einen so genannten Gottesknecht. Dieser Unbekannte war eine bemerkenswerte Persönlichkeit: unbeirrbar, aber trotzdem nicht despotisch; barmherzig, aber trotzdem nicht schwächlich. Einer, der zum Opferlamm für viele werden würde. Dieses Bild bezog sich auf die jahrhundertealte Tradition im Volk Israel, Opfertiere für menschliche Vergehen zu schlachten. Frage: Was konnte ein sündloses, weil zur Sünde nicht fähiges Tier für die Verfehlungen eines Menschen? Antwort: Absolut nichts. Aber gerade, weil es unschuldig war, trat es an die Stelle des Schuldigen, damit der nicht über die Klinge springen musste.
Merkwürdigerweise macht vielen Menschen die Tatsache der Sündopfer mehr Mühe, als die Tatsache der eigenen Sünden. Gott denkt andersherum und sagt, ebenfalls im Buch Jesaja: „Du hast mir Mühe gemacht mit deinen Sünden. Deshalb tilge ich selbst deine Übertretungen, um meinetwillen…"
Mehr als 600 Jahre gingen ins Land, ehe diese prophetischen Worte sich erfüllten. An einem Sabbat war ein junger Wanderprediger in der Synagoge der Stadt Nazaret. Man reichte ihm die Schriftrolle des Jesaja und er las daraus eine Stelle über den Gottesknecht. Das gefiel den Frommen. Dann aber sagte er den Satz, der alles änderte: „Heute ist diese Schrift vor euren Ohren erfüllt." Da nickte plötzlich niemand mehr. Stattdessen wollten sie ihn umbringen…
Man kann diese Selbstaussage belächeln, sie ignorieren oder sich darüber ärgern. Das ändert nichts an ihrem Wahrheitsgehalt. Er wurde zum Opferlamm, weil keiner von uns ein Unschuldslamm ist.

Der Mensch lebt nicht vom Brot allein

„Und er antwortete und sprach: Es steht geschrieben: ‚Der Mensch lebt nicht vom Brot allein, sondern von einem jeglichen Wort, das durch den Mund Gottes geht.'"
Matthäus 4,4

Seit ich in Westafrika lebe, hat dieses Sprichwort für mich eine ganz neue Bedeutung bekommen. Denn der Mensch lebt hier nicht nur nicht vom Brot allein. Sondern vor allem nicht vom Brot. Stattdessen von Reis und Soße.
Blättersoße (mit viel Palmöl). Erdnusssoße (mit viel Palmöl). Fleischsoße (mit viel Palmöl und Innereien, die aussehen wie frittiertes Klingonenhirn). Während der ersten drei Jahre fand mein Magen das noch exotisch. Dann ließ die Aufregung langsam nach und ich stocherte auf dem Teller herum und murmelte: „Der Mensch lebt nicht von Brot allein. Es darf auch Käs' und Schinken sein." – – – Von wegen!
Doch – es gibt schon eine Art Brot in unserer Stadt. Baguettes, gute alte Stangenbrote, die von den französischen Kolonialherren vor einem halben Jahrhundert vergessen wurden. Aber genauso schmecken sie auch.
Irgendwann waren Brotträume deshalb unvermeidlich: Von Roggen-, Weizen-, Vollkorn-, Knäcke-, Schwarz- und sogar ordinärem Mischbrot; von Pumpernickel, Ciabatta und Croissants.

Schaut man sich allerdings die Geschichte an, die das Sprichwort bekannt gemacht hat, dann stoppt diese Klage auf hohem Niveau und es wird einem der Brotbissen im offenen Munde hart: Der Satz wurde von Jesus Christus nach einer vierzigtägigen Fastenzeit zitiert. (Für alle, die glauben, sich verlesen zu haben: Da stand gerade eben die Zahl 40.)
Wahrscheinlich haben nur die wenigsten Zeitgenossen schon eine solche Erfahrung gemacht. Ich zum Beispiel bin einer dieser Unterzuckerer, denen bereits flau wird, wenn mal das Mittagessen ausfällt.

Anders Jesus Christus: Für ihn war das Fasten eine Zeit des Alleinseins mit Gott, eine Vorbereitung auf sein öffentliches Auftreten. Aber auch eine Zeit der Versuchung. Der Teufel sah seine Chance, den Gottessohn zu bezwingen, noch bevor der seinen Weg begonnen hatte. Und weil Jesus nach dieser Fastenzeit natürlich Hunger hatte, war die erste Versuchung naheliegend. Wenn der Mann aus Nazaret tatsächlich Gottes Sohn sei, so der Versucher, dann solle er die Steine in Brot verwandeln. Doch Jesus konterte mit einem Zitat aus 5. Mose 8,3 und schmetterte auch die folgenden beiden Anfechtungen ab.
Aber was soll denn so schlimm daran sein, sich einen Basalt-Burger zu basteln? Wenn man's halt kann! Auf dem zweiten Blick steckt eine ganze Menge hinter der Herausforderung. Die gute Nachricht des Neuen Testaments ist doch, dass Gott selbst in der Person von Jesus Christus Mensch wurde, um uns Menschen nahezukommen. Mit allen irdischen Begrenzungen und von Anfang an mit dem Wissen, dass sein Ziel das Kreuz sein würde. Selbst dort schrien ihm seine Peiniger noch zu: „Komm runter vom Kreuz, wenn du wirklich Gottes Sohn bist!"
Aber er blieb dort, bis zum letzten Atemzug. Weil er wusste, dass der Mensch nicht von Brot allein lebt. Und auch nicht von Haus, Auto, Boot, Urlaub und Anlageberatung. Wer nur für und vom Material lebt, ist spätestens mit dem nächsten Börsencrash am Ende.
Die Alternative liegt im – nicht überlieferten – Ende des Sprichworts: Wovon leben wir? Von allen guten Gaben Gottes. Das gibt uns zwar nicht die Garantie, reich und berühmt zu werden, wohl aber die Aussicht, auch übers Diesseits hinaus mehr als nur Brot zu genießen.

Nicht viele Worte machen

„Und wenn ihr betet, sollt ihr nicht viel plappern wie die Heiden; denn sie meinen, sie werden erhört, wenn sie viel Worte machen."
Matthäus 6,7

Nicht viele Worte zu machen, kann auch gefährlich sein. Es gab da dieses junge, dynamische Zweimannunternehmen „Schmidt GmbH, Maurer- und Fliesenlegearbeiten" - Ein klappriger Kleintransporter, eine ausklappbare Leiter, ein paar Eimer und drei Handvoll Werkzeuge. Die Seele des Ganzen war Meister Schmidt, nicht wirklich jung. Und garantiert nicht dynamisch. Dazu der Geselle Maik, von A bis Z muskulös. Dafür ging seine Auffassungsgabe nur bis N. „N" wie „Null Ahnung". Der Meister war das, was man „keinen Mann vieler Worte" nennt. Er schaffte es, einen ganzen Arbeitstag mit maximal drei Sätzen zu überleben. Den Gesellen dirigierte er mit Gesten und Grunzern.
Bis zu jenem einschneidenden Tag. Meister Schmidt wollte einen Mauerdurchbruch realisieren. Zu diesem Behufe hielt er einen enormen Meißel an die Wand und starrte den Gesellen an. Der stand neben ihm und ließ den Dreikilohammer mit lässiger Eleganz kreisen. Als nach einer halben Minute Starren immer noch nichts passierte, überwand sich der Meister zu dem Satz: „Wenn ich nicke, haust du drauf."
Im Krankenhaus wachte er wieder auf. Und nickte die nächsten Wochen nicht mehr wegen der Halskrause.

Womit wieder einmal bewiesen ist, dass man auf beide Seiten vom Pferd fallen kann.
Als Jesus Christus die Warnung vor den vielen Worten aussprach, war die Situation ganz anders. Einige seiner Zeitgenossen, sowohl Juden als auch Heiden, versuchten die himmlischen Gefilde „weichzubeten". Ganz nach dem Motto „viel hilft viel" leierten sie wortreiche Litaneien herunter, in der Hoffnung, dass ein beeindruckter Gott ihre private Wunschliste abhaken würde.

Jesus' Einschätzung dieser Bemühungen war ein klares „Nutzlos!" Er setzte diesem Geschwafel ein schlichtes Gebet entgegen, bekanntgeworden als das Vaterunser. Ein Modellgebet für seine Nachfolger, damit sie nicht nur gedankenlosen Singsang von sich geben würden.

Interessanterweise haben wir's trotzdem hinbekommen, genau das aus dem Vaterunser zu machen. Zu oft wird es nur als sinnentleertes Ritual heruntergespult, altehrwürdig anregend und gleichzeitig irgendwie heimelig. Wer's auswendig kann, gehört zum Club.
Nichts gegen Rituale an sich! Sie können Sinn und Halt geben. Doch ein gebetsmühlenartig heruntergeleiertes Vaterunser ist so nützlich wie ein Loch im Knie. Charmant wie ein „Wie oft soll ich dir denn noch sagen, dass ich dich liebe?"

Dabei ist es ein grandioses Gebet, das grundlegende Glaubens- und Lebensbereiche zusammenbindet. Sechs kurze Bitten, die sich sowohl um Gottes Angelegenheiten als auch um das eigene Wohl kümmern. Aber es ist weder eine magische Formel noch ein religiöses Formular, das vom „Großen Buchhalter" abgehakt wird.
Eher könnte man es als Ausdruck einer Beziehung zum himmlischen Vater beschreiben. Und natürlich kann man das Vaterunser auch Wort für Wort beten. Es kommt nur drauf an, dass man sich diese Worte zu eigen macht. Es müssen nicht viele sein, wenn sie ehrlich gemeint sind.

Unser Vater im Himmel!
Dein heiliger Name werde geehrt!
Deine Herrschaft komme! Dein Wille geschehe
auf der Erde wie im Himmel!
Gib uns, was wir heute brauchen!
Und vergib uns unsere ganze Schuld!
Auch wir haben denen vergeben,
die an uns schuldig geworden sind.
Und führe uns nicht in Versuchung,
sondern rette uns vor dem Bösen!

Der Buchstabe tötet

„Denn der Buchstabe tötet, der Geist aber macht lebendig."
2. Korinther 3,6

Die buntgemischte Truppe saß um das Tischkarree und schaute sich erwartungsvoll an. Zwei Handvoll Leute von vier Kontinenten hatten sich zur jährlichen Konferenz versammelt, um die Arbeit an den verschiedenen Standorten im Land Revue passieren zu lassen. Dazu gehörte auch der gefürchtete Rechenschaftsbericht. Alle möglichen Sprachen flogen durch den Raum, vor allem englisch und französisch. Irgendwie verstand man sich immer. Auch wenn mancher eher schlecht als recht durch seinen Bericht radebrechte. Zum Beispiel jener Teilnehmer, der auf englisch stolz verkündete: „Ich habe freudige Nachrichten! Im letzten Jahr wurden bei uns im Dorf sage und schreibe fünf gesunde Babys verbrannt!"

Totenstille! Man konnte die buchstäbliche Stecknadel fallen hören. Zwei, drei Leute, die wie üblich nicht zugehört hatten, nickten ermutigend. Super! Toll! Die anderen verspannten ihre Gesichter, als hätten sie auf ein Stück Holzkohle aus jenem Dorf gebissen. Dabei überlegten sie krampfhaft, warum man sich über eine rauchende Katastrophe freuen sollte. Vielleicht war das ja nur eine afrikanische Redensart, nach dem Motto „brandneu!"

Dem Redner fiel das betretene Schweigen auf. Weshalb er wiederholte: „Fünf Babys verbrannt! Wir freuen uns mit den Familien!"

Da dämmerte es auch dem Letzten: Der Buchstabe hatte getötet, was eigentlich noch am Leben war! Zwar hatte der gute Mann treu wiederholt, dass die Kleinkinder allesamt verbrannt – „burned" seien. Gemeint hatte er aber „born" – geboren. Die Erleichterung brauste wie ein Buschfeuer durch den Raum.

Manchmal entscheiden nur ein paar umgestellte Buchstaben über Leben und Tod. Diese Erfahrung hat auch auf einige unserer Redewendungen abgefärbt. Da gibt es zum Beispiel den Toten Buchstaben.

Mancher klebt am Buchstaben. Oder klammert sich daran fest. Und natürlich gibt es da auch noch jene gesetzestreuen, manchmal auch nur unflexiblen Typen, die genau nach dem Buchstaben des Gesetzes handeln.
All diese phraseologischen Variationen haben zwei Dinge gemeinsam: Sie hören sich nicht sonderlich frei an. Und sie gehen auf dasselbe Zitat zurück: Auf einen Satz des Apostel Paulus. Der sprach in seinem zweiten Brief an die Korinther davon, dass der Buchstabe tötet, der Geist aber lebendig macht.
Was meinte er damit? Jedenfalls nicht, dass in Korinth meterhohe, steingemeißelte Reklamebuchstaben durch die Luft segelten, um auf verträumte Fußgänger herunterzukrachen.
Die Buchstaben, von denen Paulus sprach, bildeten das Gesetz der Juden, all jene Vorschriften, die Gott dem Mose anderthalb Jahrtausende zuvor am Sinai gegeben hatte. Obwohl etliche Christen in Korinth jüdischer Abstammung waren, machte Paulus ihnen klar, dass sie nicht mehr unter diesem alten Bund standen. Jesus Christus hatte für sie ein neues Testament besiegelt, als er am Kreuz starb.
Das alte Gesetz war eindeutig. Es sagte: „Halte sämtliche Vorschriften und lebe. Brich nur eine – und du schrammst am ewigen Ziel vorbei! – Wer hat da gerade behauptet, so ein Gesetz sei unerfüllbar? Das ist absolut richtig! 100 Punkte, setzen! Deshalb umschreibt es Paulus an einer anderen Stelle auch als „Todesstrafe für alle“. Gerade, weil diese Situation unhaltbar und tödlich ist, wird der neue Bund lebenswichtig.
Der ist nicht mehr in Stein gemeißelt, sondern wird ins Herz (will sagen, ins innerste Wollen) geschrieben. Hier kommt übrigens auch der lebendig machende Geist ins Spiel. Der richtet sich im Herzen häuslich ein, wenn ein Mensch Christ wird und kümmert sich darum, dass wir Gottes Zielvorstellungen verstehen, damit wir unsere Freiheit ausschöpfen und nicht zu geistlosen Paragrafenreitern werden.

Die Zelte abbrechen

„Und so wie die Wolke sich von dem Zelte erhob, brachen danach die Kinder Israel auf; und an dem Orte, wo die Wolke sich niederließ daselbst lagerten sich die Kinder Israel."
4. Mose 9,17

Die romantische Klapsbergschlucht lag in nächtliches Dunkel gehüllt. Nur wenige Lichter durchbrachen die Finsternis. Ein Anblick wie ein Gemälde! Ein Gemälde, das den Weltuntergang abbildete.
Es goss wie aus Kübeln. Alle paar Sekunden zerschnitten verästelte Blitze die zappendustere Nacht. Kaum erloschen die Funkenentladungen, da krachte auch schon Donner mit einer Lautstärke, als wäre das Tal ein Truppenübungsplatz.
Mitten in dem Inferno standen acht Gestalten und krallten sich an einem großen Zelt fest. Sie hingen an der Plane wie geschmacklose Kunststoffclips an einer Gartentischdecke. Einer Tischdecke im Tornado. Der Wind peitsche unnachgiebig über die Landschaft und nahm alles mit sich, was nicht niet- und nagelfest war. Unter anderem die gesamte Bademode der Gruppe, mitsamt der Wäscheleine und den zugehörigen kleinen Kiefern.
Plötzlich riss eine schwere Windböe Dreien aus der Gruppe die Zeltbahn aus den Händen. Die anderen Fünf klammerten sich verzweifelt an das wild flatterende Stück Leinwand. Doch umsonst. Mit einem Krachen rissen sich die Überreste des großen Zeltes los und flogen in der Dunkelheit davon. Einer von ihnen öffnete seinen Mund und brüllte gegen das Unwetter an: „Wow! Zelten macht echt Laune! Bin ich froh, dass ich mitgekommen bin!"

Es sind Erlebnisse dieser Art, von denen man noch Jahre später zehrt, wenn der Wind einem schon am Vorabend der Abreise das Zelt abbricht, wenn nach zwei verregneten Wochen sämtliche Sachen klamm sind und vor sich hin müffeln, genau wie der Zeltgenosse, wenn man Sand im Schlafsack und Kiefernadeln in der Fußsohle hat, wenn laut

lärmende Nachbarn und leise summende Mücken einem die Nacht verkürzen. – Das ist Zelten!
Das Volk Israel machte 40 Jahre lang ähnlich gelagerte Erfahrungen. Nach ihrem Auszug aus der ägyptischen Sklaverei waren sie bald an den Grenzen des verheißenen Landes angekommen. Allerdings trauten sie sich nicht hinein und starteten eine Rebellion, weshalb Gott ihnen eine 40jährige Wüstentherapie verschrieb. In dieser Zeit mussten sie ungezählte Male ihre Zelte aufstellen und wieder abbauen.
Aus diesem Geschehen entwickelte sich das Sprichwort vom „Zelte abbrechen" als Bild für das Ende eines Lebensabschnitts, sei es durch Umzug oder neue Arbeitsstelle. Meist bestimmt man dabei selbst, ob und wann man seine Zelte abbricht.
Beim Volk Israel war das anders. Gott selbst führte sie in Gestalt einer Wolkensäule bei Tag und einer Feuersäule in der Nacht. Wann immer die Säule sich niederließ, schlugen sie ihr Lager auf, für einen Tag, oder ein Jahr. Und wann immer die Säule sich erhob, brach auch das Volk die Zelte ab. Das war göttliches Navigationssystem und Gehorsamstest in einem. Doch obwohl Gott sie so unmittelbar führte, hatte Otto-Normal-Israelit keine unmittelbare Gemeinschaft mit ihm. Einzig Mose konnte mit Gott im Zelt der Begegnung reden.
Doch so hatte der Herr sich das nicht am Anfang der Schöpfung vorgestellt. Er möchte nicht der Fremde, Unnahbare, Ferne sein. Deshalb wird er auch am Ende der Zeiten wieder mit den Menschen zelten, dieses Mal nicht versteckt in Wolken oder Feuer, sondern sehr viel persönlicher, mitten unter ihnen. So steht es in der Offenbarung: „Siehe, das Zelt Gottes bei den Menschen! Und er wird bei ihnen zelten, und sie werden sein Volk sein, und Gott selbst wird bei ihnen sein, ihr Gott."
Ein echtes Zelt-Erlebnis!

Tohuwabohu

„Und die Erde war wüst und leer, und Finsternis war über der Tiefe; und der Geist Gottes schwebte über den Wassern."
1. Mose 1,2

Kevin schlich sich vorsichtig durch den engen Durchgang, den Rücken dicht an die Wand gepresst. Es war dämmerig und die schummerige Lampe über seinem Kopf verhüllte mehr, als dass sie den Weg erhellte. Er ließ sich viel Zeit und beobachtete die vor ihm liegende Strecke, ehe er langsam, wie in Zeitlupe, ein Bein vor das andere setzte. Seine Füße tasteten bei jedem Schritt nach einem Fleckchen Erde, das nicht von Krimskrams und Gerümpel bedeckt war. Er versuchte, so zu laufen, dass seine Bewegungen nicht die steilen Schrotthalden ins Rutschen brachten, die sich zu beiden Seiten bis hoch über seinen Kopf auftürmten. Undefinierbare Gebilde warfen einen furchterregenden gezackten Schatten auf sein Gesicht. Ein fader, abgestandener Gestank durchzog die Luft, eine Mischung aus Essensresten, Fäulnis und dem Aroma einer vollbesetzten Fußball-Umkleidekabine nach dem Spiel. Angeekelt wandte er sich ab und machte einen großen Schritt über eine Pfütze, die in Tausenden ungesunden Farben schillerte. Neben der Wasserlache lag alte Kleidung, in wirren Bündeln achtlos aufeinandergeworfen. Kevin war nicht sicher, ob sich das eine oder andere Knäuel sogar bewegte. Nur nicht darüber nachdenken... Sein Ziel war nicht mehr weit entfernt, fast schon zum Greifen nah.
Plötzlich öffnete sich ohne Vorwarnung eine Tür. Gleißendes Licht fiel erbarmungslos in sein Gesicht und blendete ihn. Schützend hielt er sich eine Hand vor die Augen. Da stand eine Gestalt im grellen Gegenlicht. Kevin konnte sie nur schemenhaft erkennen. Sein Mund fühlte sich plötzlich ganz trocken an. Die Gestalt sprach ihn an: „Also wirklich, so ein Tohuwabohu hab' ich noch nie gesehen. Bevor du ins Bett gehst, räumst du erst dein Zimmer auf. Ist das klar?" – Einen Moment hing diese Frage drohend im Raum. Dann antwortete Kevin mit brüchiger Stimme: „Ja, Mutti."

Willkommen zum wirklich und wahrhaftig allerersten Sprichwort aus biblischen Quellen, zumindest was seine Stellung im Originaltext angeht. Schon im zweiten Vers der Bibel wird uns nämlich berichtet, dass die Erde „tohú wa bohú" war - drei Worte, die von begeisterten Urtextlesern zu einem Kunstwort zusammengezogen wurden.
Wenn jemand die Hände an den Kopf schlägt, die Augen zu Tennisballgröße aufreißt und mit lauter Stimme über ein Tohuwabohu jammert, dann steht diese Person in 85 % der Fälle zwischen den Überresten eines Erdbebens, einer Sturmflut, eines Hurrikans oder einer Party. Die restlichen 15 % beziehen sich auf das Innere des eigenen Schädels während einer wichtigen Prüfung.

Im ursprünglichen Bibeltext wird damit der Zustand unseres Planeten ganz am Anfang der Schöpfung beschrieben. „Tohú wa bohú" ist hebräisch und bedeutet „wüst und öde" oder auch „ungeformt und leer".
So sah es aus, noch bevor jemand „es" sehen konnte, noch bevor das Licht geschaffen wurde, noch bevor sich das trockene Land aus dem Meer erhob und noch bevor der erste Mensch einen Fußabdruck im Erdboden hinterließ.
Dieses Tohuwabohu war das Rohmaterial Gottes, aus dem er das Universum erschuf. Denn der kreative Gott ist Kreateur. Er erschuf, vom ersten Gesteinsbrocken bis hin zur Krone der Schöpfung. Und auch, wenn mancher Zacken aus dieser Krone herausgefallen ist: Gott ist immer noch derselbe, der die Ordnung ins Chaos bringen kann. Auch ins Chaos meines Lebens (und selbst wenn mein Arbeitszimmer nicht immer danach aussieht).

Auf Herz und Nieren prüfen

„Lass der Gottlosen Bosheit ein Ende werden und fördere die Gerechten; denn du prüfst Herzen und Nieren.“
Psalm 7,10

Das Wichtigste bei einer Herz-und-Nieren-Prüfung ist zweifellos der Prüfer. Es liegen Welten dazwischen, ob solch eine Prozedur von einem Arzt oder – sagen wir mal – einem Fleischermeister durchgeführt wird! Das Resultat beim Arzt ist ein ausdrucksstarkes Ultraschall-Bild. Das Resultat beim Fleischermeister ist Grützwurst.
Aber nicht nur der menschliche Korpus, auch dessen fahrbarer Untersatz wird alle Nase lang auf Herz und Nieren geprüft. Und sei es nur, um von einem unbestechlichen Mechaniker einen TÜV-Aufkleber zu bekommen. Da ich mein Dasein in Afrika friste, muss ich mich selten mit TÜV-Aufklebern beschäftigen. Mit Mechanikern schon.
Denn der durchschnittliche unterm Mangobaum sitzende Dorfmechaniker tendiert stark zum Metzger. Wenn ihm ein Auto in die Hände fällt, wühlt er sich gnadenlos durch die Innereien des Motors. Rigoros wird herausgerissen, was im Weg ist. Sämtliche Kleinteile fliegen in hohem Bogen in den Straßenstaub, bis der Reparateur am Herzen des Motors anlangt. Manchmal findet er dort ein Problem. Viel öfter noch erschafft er eines. Danach baut er den Motor wieder zusammen.
Gewöhnlich bleibt eine Handvoll Teile übrig. Der Umgang mit diesen Überbleibseln hängt stark vom Charakter des jeweiligen Reparateurs ab. Manche werfen die Reste einfach in den Vergaser, wo sie dann traurig vor sich hinklappern. Andere dagegen überreichen sie stolz dem Besitzer des Fahrzeugs, getreu dem Motto: Eine Reparatur, bei der nix übrigbleibt, kann nicht erfolgreich gewesen sein! Am Ende steht das Auto da, kläglich wie das Nierenlose Opfer eines Organhändlers.

Aber lassen wir das technische Wrack einen Augenblick allein und wenden wir uns einer grundsätzlicheren Frage zu: Warum wird im Sprichwort eigentlich auf Herz und Nieren geprüft – und nicht auf

Zahnschmelz und Zehenzwischenraum? Der Grund liegt in der Vorstellungswelt der alten Israeliten. Sie dachten beileibe nicht an Geschnetzeltes, wenn von Herz und Nieren die Rede war. Das Herz war für sie der Sitz von Wollen und Planen des Menschen. Und in den Nieren befanden sich Gefühl und Gewissen.

Wenn David also im siebten Psalm davon spricht, dass Gott die Menschen auf Herz und Nieren prüft, will er damit ausdrücken, dass dem Schöpfer unser Wollen und Fühlen nicht verborgen ist.

Das war ein ziemlicher Trost für David, denn es ging ihm nicht gerade blendend, als er diese Worte niederschrieb. Er war von einem missgünstigen Kameraden verleumdet und in die Ecke gedrängt worden. Seine einzige Hoffnung war ein Gott, der tiefer sah und der das letzte Wort haben würde.

Seit David hat sich einiges geändert. Unter anderem auch die Vorstellung, die heutige Zeitgenossen von Gott haben. Der fröhliche Freidenker trällert von freien Gedanken und zieht sich gleichzeitig eine Bleikutte über aus Angst, dass jener Gott, an den er nicht glauben mag, sich wie ein wild gewordener Mechaniker gebärden könnte, der ihn kaltschnäuzig auseinandernimmt und anschließend die Einzelteile auf einen Haufen schmeißt.

Doch unser Schöpfer ist kein empfindungsloses, allsehendes Auge mit angeschlossener Religionspolizei. Er ist einer, der sich um seine Geschöpfe kümmert. Und auch wenn er das Ergebnis seines Durchblicks nicht beschönigt, so bietet er doch einen Ausweg für versteinerte Herzen und abgestorbene Nieren an: „...ich will euch ein neues Herz und einen neuen Geist geben und will das steinerne Herz aus eurem Fleisch wegnehmen und euch ein fleischernes Herz geben.“

Wenn dich die Bösen Buben locken

„Mein Kind, wenn dich die bösen Buben locken, so folge nicht.“
Sprüche 1,10

Yvonne hielt das Poesiealbum fest in ihren Händen. Es war ihr wertvollster Besitz, gleich nach der gummibestiefelten Ponyfarm-Barby mit echtem Pferdemistgeruch und dem vollständigen Satz der Bonsai-Kitty-Sammelkarten. Das quadratische Buch hatte einen hellbraunen ledernen Einband und war mit einer abschließbaren Messingschnalle versehen. Den Schlüssel dazu trug sie ständig um den Hals. Poesiealben war gerade total in Mode. Jeder in ihrer Klasse hatte eins. Ununterbrochen waren die Bücher in Rotation, ganz nach dem Motto: Schreibst du in meins, schreib ich in deins.

Sogar manche Lehrer durften sich in den Freundschaftsbüchern verewigen, obwohl die meist irgendwelche unverständlichen Sachen reinschluderten, ganz ohne Aufkleber und Kaugummibilder. Zum Beispiel ihre Klassenlehrerin. Die hatte irgend etwas von einem Typen namens Jeans-Paul Satire (oder so) eingetragen. Hatte aber überhaupt nichts mit Mode zu tun. Und lustig war's auch nicht: „Jetzt begreife ich; ich entsinne mich besser an das, was ich neulich am Strand gefühlt habe, als ich diesen Kiesel in der Hand hielt. Das war eine Art süßliche Übelkeit.“ Hä??

Yvonne hatte ihr Album gerade von Frederik zurückbekommen. Erwartungsvoll schlug sie seinen Eintrag auf. Er hatte die obere Ecke der Seite umgeknickt und einen kleinen Briefumschlag um den dreieckigen Knick herum gemalt. Ansonsten das Übliche: Ein Rahmen aus handgemalten Herzen, zwei Katzenaufkleber und ein Rosenfoto, wahrscheinlich mit einer Nagelschere aus einer Frauenzeitschrift ausgeschnitten. Und die Widmung? Oh nein, nicht schon wieder! In pinkfarbenen Filzstiftlettern prangte der Spruch: „Wenn dich die bösen Buben locken, bleib zu Haus und stopf die Socken.“

Nur der faule Marko hatte mal was anderes eingetragen. Seine Widmung lautete: „So leicht, der schwimmt sogar in Milch!“ Und anstelle eines Tieraufklebers hatte er die Verpackung eines Schokoriegels eingeklebt. Alle anderen 18 Schreiber hatten den Spruch mit den bösen Buben abgelassen. Dabei konnte Yvonne gar nicht stopfen.

Würde man eine Rangliste der bodenständigsten Poesiealbumssprüche aufstellen, dann wäre der von den bösen Buben sicherlich unter den ersten drei. Pure Gebrauchslyrik. Aber auch wenn sich der Reim anhört, als hätte ihn Wilhelm Busch gedichtet: Zumindest die ersten 6 Worte des Zitats sind sehr viel älter und stammen aus dem Buch der Sprüche Salomos. Gleich nach den einführenden Worten schrieb der gelehrte König nämlich eine eindringliche Warnung an Jugendliche nieder: „Gehorche der Unterweisung deines Vaters und verwirf nicht die Belehrung deiner Mutter." Das mag sich banal anhören. Ist es aber nicht, wenn man bedenkt, dass in Zeiten der Patchworkfamilie ungezählte Kinder überhaupt nicht mehr von zwei Elternteilen erzogen werden. Oder höchstens im Wechsel nacheinander, was eine der traurigsten Errungenschaften unserer kinderfreundlichen Gesellschaft ist.
Wobei Salomos Zeit beileibe nicht die „gute alte" war. Sonst hätte der König ja wohl nicht vor den bösen Buben warnen müssen. Die beiden Bees waren übrigens Martin Luthers Idee. Heute würde man wahrscheinlich „niederträchtige Menschen" übersetzen.
Der König beschreibt Typen, die das schnelle Geld wollen und dabei auch nicht vor Raub oder Mord zurückschrecken. Allerdings warnt er davor, ihnen auf den Leim zu gehen und zwar nicht nur, weil ein gut erzogener Jugendlicher „so etwas" nicht tut, sondern, weil jene Gangster ihre eigene Grube schachten. Oder, wie Salomo poetisch schreibt: „Unrechter Gewinn nimmt seinem Besitzer das Leben."
Da ist Socken stopfen allemal besser.

Mit Engelszungen reden

„Wenn ich mit Menschen-und mit Engelzungen redete, und hätte der Liebe nicht, so wäre ich ein tönend Erz oder eine klingende Schelle.“
1 Korinther 13,1

Sandra war der Meinung, dass sie ihre Tochter Annabelle-Gislène (gesprochen: Annabell-Schislehn) voller Verständnis erzog. Die Namensgebung erzählte eine andere Geschichte. Aber selbst wenn Verständnis irgendeine Rolle spielte, Autorität tat es gewiss nicht. Doch gerade das fand Mama Sandra echt toll. Sie wollte ihr Kind lieber partnerschaftlich und auf Augenhöhe erziehen.
Montagmorgen, um sieben Uhr und zwei Minuten bekam sie ihre pädagogische Chance. Auf dem Tisch stand das Frühstück. Unter dem Tisch saß Annabelle-Gislène und weigerte sich, hervorzukommen.
Mama Sandra hatte das Verhalten ihres Lieblings zuerst mit einem verständnisvollen Lächeln ignoriert und die Pausenbrote geschmiert. Das Kind wusste schließlich selbst am besten, was gut für es war. Aber langsam wurde die Zeit knapp. Weshalb Mama Sandra vom Küchenbuffet herüberrief: „Annabelle-Gislène! Komm doch bitte unter dem Tisch hervor!“ – „Nööö!“ – „Ich finde es gut, dass du dir eine eigene Meinung gebildet und mir geantwortet hast. Aber jetzt wäre es wirklich wünschenswert, wenn du unter dem Tisch hervorkommen würdest!“ – „Nööö!“
Mutter Sandra begab sich auf Augenhöhe. Will sagen, sie ging in die Knie und schob ihren Kopf unter die Tischdecke. Vielleicht würde ein Kosename ja zu ihrer Tochter vordringen: „Ann-Gis, bitte. Lass uns ganz ruhig darüber reden. Wenn du nicht sehr bald heraus kommst und dein Pausenbrot einsteckst, wirst du bestimmt deinen Schulbus verpassen. Und das wäre doch sehr, sehr schade, nicht?“ – „Nööö!“ – „Aber mir würde das wirklich etwas ausmachen. Würde meine Traurigkeit dich nicht auch traurig machen?“ – „Nööö!“
Die gesamten nächsten siebeneinhalb Minuten bezirzte Mama Sandra ihren Liebling mit Engelszungen. Wohlklingend! Zart! Und unver-

standen. Was jedoch ganz sicher nicht daran lag, dass schließlich der Schulbus unterm Küchenfenster vorbeidonnerte.

Auch wenn das Sprichwort von den Engelszungen immer dann angewendet wird, wenn jemand mit größter Beredsamkeit und Überzeugungskraft auf eine andere Person einwirkt: Mit überirdischer Sprachgewalt hat das nur wenig zu tun. Wenn man in der Bibel diverse Engelsbegegnungen betrachtet, bekommt man einen ganz anderen Eindruck. Dort mussten sich die Engel eigentlich nie den Mund fusselig reden. Im Allgemeinen waren ihre menschlichen Gesprächspartner so voller Ehr-Furcht und im wahrsten Sinne des Wortes am Boden, dass die himmlischen Sendboten sie erst einmal wieder aufrichten mussten. Das hat wenig mit einem antiautoritären Plauderstündchen unterm Küchentisch zu tun.

Aber ist diese angelinische High Fidelity nun so erstrebenswert? Paulus, der unabsichtlich zum Urheber des Sprichworts wurde, ist anderer Meinung. Er sagt in dem bekannten Hohelied der Liebe (sehr frei übertragen): „Selbst wenn ich so eloquent wäre wie ein 72sprachiger Conférencier; ja, sogar wenn ich mit der markerschütternden Autorität eines göttlichen Boten sprechen könnte, die meinen Zuhörern die Haupthaare abstehen und die Gesichtszüge einfrieren lassen würde: Ohne Liebe wäre das nur ein megalomanisches hohles Tsching-terassa-bumm."

Mit anderen Worten: Weder Fulminanz noch Durchschlagskraft bringen es letztendlich. Die Liebe schon. Sie besitzt einen entscheidenden Unterschied zu sämtlichen vorstellbaren Errungenschaften. Sie ist ewig.

Das vollkommene Verständnis dieser drei Worte kann ein Leben umkrempeln. Plötzlich hat man es gar nicht mehr nötig, mit Engelszungen zu palavern. Man muss weniger scheppern und darf mehr lieben, in Wort und Tat.

Wer sich in Gefahr begibt, kommt darin um

„Denn wer sich gern in Gefahr gibt, der verdirbt darin; und einem vermessenen Menschen geht's endlich übel aus.“
Jesus Sirach 3,27.28

Wir saßen um den Frühstückstisch, als Maik stolz wie Oskar zur Tür hereinstolziert kam. „Hallo, Leute. Ich war gestern auf dem russischen Flohmarkt. Guckt euch an, was ich dort abgestaubt habe!“ Selbstbewusst reckte er seinen linken Arm vor. Daran prangte eine billige Armbanduhr. „Eine echte russische Offiziersuhr. Wasserdicht! Mit bruchfestem Glas!“ Die Bewunderung am Tisch hielt sich in Grenzen. Die Frühstückseier waren interessanter.

„Habt ihr überhaupt zugehört? Bruchsicher!“ ereiferte sich Maik. „Ach wo, dass ist doch nur eine billige Nachmache!“ begehrte einer der am Tisch sitzenden auf. „Was? Du glaubst mir nicht. Ich beweis' es dir!“ Mit diesen Worten griff sich Maik einen Teelöffel vom Tisch und begann rhythmisch auf das Uhrglas einzuhämmern. Ping. Ping. Ping.

„Maik, hör auf. Wer sich in Gefahr begibt... – du weißt, wie der Satz weitergeht, oder?“

Scheinbar wusste er es nicht, denn er holte weiter aus. Pong. Pong. Pong. Knirsch.

Mit diesem Geräusch bekam Maik die geballte Aufmerksamkeit aller Anwesenden. Allesamt drängten sich um seinen linken Arm und bestaunten das bruchsichere Uhrglas, welches von tausend kleinen Sprüngen überzogen war.

„Wow. Das ist ganz sicher Bruch!“ – „Aber, ob die Uhr jetzt noch wasserdicht ist, wage ich zu bezweifeln.“

Der Satz den Maik nicht kannte, findet sich im apokryphen Buch Jesus Sirach. Apo-was? Für alle Bibel-nicht-so-genau-Kenner soll in wenigen Sätzen angerissen werden, worum es geht: Zu den Apokryphen gehören jene außerbiblischen Schriften, die nicht als inspiriert anerkannt wurden[1]. Unter anderem, weil die Schreiber es mit der Wahrheit oft nicht so genau nahmen oder die Namen von verstorbenen Berühmtheiten für ihr eigenes Werk benutzten. Natürlich hört es sich besser an, wenn nicht „Adelmus der Unbedeutende", sondern „Mose, Führer Israels" auf einem Epistel steht[2]. Jedenfalls wurden fragwürdige Werke aus dem hebräische Urtext strikt aussortiert. Martin Luther folgte mit seiner Bibelübersetzung dieser Norm. Aber, genau wie die Juden, fand er, dass die apokryphen Bücher trotzdem „gut und nützlich zu lesen" wären, weshalb er sie in den Anhang seiner Bibel packte.

Und so lesen wir die Warnung des Jesus Sirach, nicht mit der Gefahr zu kokettieren, weil das gefährlich sei. Böswillige Leser könnten Sirach vorwerfen, dass er überängstlich argumentierte. So wie einer, für den es schon ein Risiko ist, eine neue Marmeladensorte auszuprobieren. Aber ist nicht das ganze Leben Gefahr?

Wer genauer nachliest, macht die interessante Entdeckung, dass unser Sprichwort ein Wort aus dem ursprünglichen Satz rausradiert hat: das Wörtchen „gern". Gerade dieses Wort macht die wahre Absicht des Autors klar. Er warnt davor, die Gefahr um der Gefahr willen zu suchen. Leute, die unbedingt mit dem Messer ins Hinterteil eines Nashorns pieken müssen, haben nun einmal eine Affinität für Schnabeltassen. Ist Glauben nur etwas für in Watte Gepackte? Keineswegs. Immer wieder fordert die ganze Bibel zum Risiko auf: dem Wagnis, Gott zu vertrauen. Wenn man sich mit Gottes Hilfe in das wilde Abenteuer Leben stürzt, erfährt man eine ganz neue Facette der Wirklichkeit: die Realität göttlicher Bewahrung.

Wer mit Gott unterwegs ist, lebt nicht ohne Risiko; ist aber sicher in Gottes Hand. Egal, ob im Cluburlaub oder im Bürgerkriegsgebiet. Wer sich auf das Wagnis Glauben einlässt, kann sicher sein, dass seine Existenz nicht in Scherben zerspringt. Für Billiguhren gibt's diese Garantie nicht.

---

[1] Darüber gibt es natürlich Diskussionen: Während die Katholische und Orthodoxe Kirche für ihr Altes Testament auf die Septuaginta, die griechische Übersetzung des alten Testaments zurückgriff, nutzte Luther den (älteren) hebräischen Tanach, bestehend aus der Tora („Weisung"), den Nevi'im („Propheten") und Ketuvim („Schriften"), weshalb die Apokryphen der Lutherbibel in der katholischen Bibel gar keine Apokryphen, sondern deuterokanonische Schriften sind.

[2] Exaktheit muss sein: Ein Buch mit falscher Autorenschaft gehört zu den „Pseudoepigrafen"

Jeremiade
lamentieren

„Unsers Herzens Freude hat ein Ende; unser Reigen ist in Wehklagen verwandelt."
Klagelieder 5,15

Die fröhliche Chlothilde war eine vielschichtige Persönlichkeit. Bei genauerer Betrachtung vielleicht auch nur zweischichtig. Da gab es zuerst einmal die Touristin. Sobald die Urlaubszeit herannahte (etwa siebenmal pro Jahr), stürzte sie sich kopfüber ins Abenteuer: Ganzkörperbraten auf den Malediven, Kliffhängen im Himalaya, Höhlentauchen in Malaysia oder Pilzesuchen in Tschernobyl. Doch wenn die schöne Zeit vorbei war und die Arbeit wieder rief, verwandelte sich Chlothilde von der Touristin in die Tortur-istin. Die Arbeit mochte rufen. Das hieß noch lange nicht, dass Chlothilde auch antwortete, außer mit Jeremiaden.
Was im Klartext bedeutete, dass sie sich mit unsicheren Schritten und einer Krankschreibung in der Tasche an der Wand ihres Büros entlangschob, komplett ausgerüstet mit Krücken, Halsmanschette, Langzeit-EKG und leidgeprüfter Miene. Sie begann regelmäßig mit der Feststellung: „Ich klage ja nicht!" Was bedeutete, dass sie jedem, der sich nicht schnell genug in Sicherheit brachte, eine detaillieren Beschreibungen ihres Ungesundheitszustandes auf die Ohren drückte. Zum Beispiel: „Ich klage ja nicht. Aber es tut unerträglich weh, wenn sich der Solarplexus wegen intersolarer Solarisation in seine Einzelteile auflöst. Das allein wäre ja nicht so schlimm, wenn nicht auch mein Musculus glutaeus maximus chronisch verkrampft wäre. Ihr könnt euch diese Schmerzen sowieso nicht vorstellen." In diesem Stil lamentierte sie bis zur Zungenparalyse. Während andere Leute Briefmarken sammelten, häufte Chlothilde Schleudertraumata an. Erst, wenn der nächste Urlaub herannahte, flogen die Gehhilfen wieder in die Ecke. Schließlich brauchte Chlothilde Erholung nach dem anstrengenden Klageliedersingen.

Nicht wenige Menschen leben nach der Maxime: „Tu dir weh und rede darüber." Sie sind der irrigen Meinung, es sei die einzige Möglichkeit, damit ihnen überhaupt jemand zuhört. Wenn jemand so wortreich und wehleidig lamentiert, dann bezeichnet man das manchmal als Jeremiade. Das Kunstwort deutet schon dezent an, dass es vom biblischen Propheten Jeremia abgeleitet wurde. Genauer gesagt vom Buch der Klagelieder. Dieser Trauergesang über die Zerstörung Jerusalems soll nämlich von ebendiesem niedergeschrieben worden sein. So sagt es jedenfalls die jüdische Überlieferung. Im Englischen und Französischen heißt das Buch übrigens „Lamentations", was im Deutschen dem nicht sehr gebräuchlichen Wort „Lamentationen" entspricht.
Und wenn jemand Grund zum Lamentieren hatte, dann Jeremia! Er war den größten Teil seines Lebens der Staatsfeind Nummer Eins gewesen. Nur weil er als einziger die Wahrheit gesagt hatte: Jerusalem würde vom babylonischen König Nebukadnezar zerstört werden, denn das jüdische Volk war Gott untreu geworden. Jahrzehntelang hatte er seine Landsleute gewarnt, sie zur Umkehr aufgerufen. Aber niemand hatte zugehört. Im Gegenteil. Er wurde gehasst, verleumdet, verschleppt, als Hochverräter verhaftet, in den Kerker geworfen und entging knapp mehreren Mordanschlägen.
Kein Wunder, dass er deshalb manchmal ganz unten war. Aber gerade dann wusste Jeremia, dass er mit seinem göttlichen Auftraggeber Klartext reden konnte: „Herr, du hast mich betört, und ich habe mich betören lassen ... Ich habe mich vergeblich abgemüht, ich kann nicht mehr!" Originalton einer Jeremiade.
Doch weil die Klage an die richtige Adresse ging, verwandelte sie sich erstaunlicherweise in Hoffnung und Durchhaltevermögen. „Dies will ich mir in den Sinn zurückrufen: die Gnadenerweise des Herrn sind nicht zu Ende..." Und das sind nicht die leeren Versprechungen eines Sonntagspredigers, sondern die erlebten Erfahrungen eines Mannes, der nicht einknickte.
Deshalb macht Jeremia uns Mut zum Lamentieren. Gott hat für unsere Jeremiaden ein offenes Ohr und einen Ausweg.

Lückenbüßer

„Da aber Sanballat und Tobija und die Araber und Ammoniter und Aschdoditer hörten, dass die Mauern zu Jerusalem zugemacht waren und dass sie die Lücken angefangen hatten zu büßen, wurden sie sehr zornig."
Nehemia 4,7

Freitag, dritte Stunde: Sport. Zweifelderball in der Turnhalle. Die beiden Lieblinge der Sportlehrerin, Handball-Petra und Leichtathletik-Ulf, standen relaxt vor der Klasse und wählten die Mitspieler. Zuerst die Sport-Asse. Langsam arbeiteten sie sich auf der Verlierertreppe nach unten, bis hin zur kurzsichtigen Yvonne, dem o-beinigen Kurt und dem übergewichtigen Schorsch. Ganz zuletzt kam Clarissa.
Sie war es gewöhnt. Meist saß sie als Lückenbüßerin auf der Bank. Dafür gab es auch Gründe. Clarissas Wurftechnik war einzigartig. Normalerweise fiel ihr Ball schon nach knapp anderthalb Metern zu Boden, als hätte er sich im Flug mit Beton gefüllt.
Also schaute sie auch dieses Mal vom Spielfeldrand zu. Das Spiel war im vollen Gange, da ertönte ein Schmerzensschrei. Kurt war mit vollem Körpereinsatz gegen den Barren gerannt und war draußen. Da geschah das Wunder: Handball-Petra rief Clarissa ins Spiel! Leichtfüßig wie eine Fee hüpfte sie auf's Feld. Und während sie lief, entfaltete sich der bevorstehende Spielverlauf glasklar vor ihrem inneren Auge: Ein Duell zwischen ihr und Leichtathletik-Ulf. Alle anderen sind schon abgeworfen. Jetzt nimmt er sie ins Visier. Die Hoffnungen der ganzen Mannschaft hängen an Clarissa. Ulf wirft einen stahlharten Schmetterball. Doch sie bekommt ihn souverän zu fassen. Sie wiegt den Ball prüfend in der Hand, versetzt ihm einen leichten Drall, um ihn dann mit mörderischer Geschwindigkeit in die andere Hälfte zu jagen. Ulfs Augen weiten sich vor Schreck...
Plötzlich fiel die Turnhalle auf Clarissas Kopf. (Es könnte auch ein stahlharter Schmetterball gewesen sein...) Schwärze legte sich wie ein

Turnbeutel über Clarissa und von weitem vernahm sie eine Stimme: „Das ist neuer Rekord! Sie war zwei Sekunden im Spiel…“

Kein Happy End für Clarissa, dieses Mal. Meine Sympathien hat sie trotzdem. Denn seien wir ehrlich, auf dem einen oder anderem Gebiet sind auch wir Lückenbüßer. Selbst wenn wir's vielleicht nicht gern zugeben, in einer Welt, die nur den Besten der Besten huldigt. – Meine demütige Entschuldigung für all jene Leser, die auf sämtlichen Gebieten überdurchschnittlich gut sind. Auch für sie findet sich irgendwo eine Lücke! Die fand sich damals auch für Nehemias Leute, im wahrsten Sinne des Wortes.
Nehemia hatte ein Herzensanliegen: Er wollte Jerusalem, die in Trümmern liegende Hauptstadt, wieder aufbauen. Und die Voraussetzungen sahen gut aus: Der persische König Artaxerxes hatte ihn zum Gouverneur der persischen Provinz Juda ernannt und ihm die königlichen Kassen geöffnet. Mit einer Vollmacht im Gepäck machte sich Nehemia 444 vor Christus auf den Weg zu den Ruinen Jerusalems.
Bei nächtlichen Inspektionen stellte er fest, was zuerst nötig war: Der Wiederaufbau der Stadtmauer zum Schutz gegen Feinde, weshalb Nehemia seine Landsleute dazu motivierte, Lückenbüßer zu werden. Das Wort „Büßen“ hatte früher eine umfassendere Bedeutung als heute. Damals, als Martin Luther die Bibel übersetzte, bedeutete es auch „reparieren“, „wiederherstellen“. Und das ist zweifellos das konstruktivste Synonym für das Wort „büßen“, auch damals. In nur 52 Tagen bauten die Juden die Stadtmauer wieder auf.
Lückenbüßer haben auch heute viel mehr Wert, als die Redewendung ihnen zubilligt. Oft sind sie die Einzigen, die aufpassen, dass wir nicht von den Dammbrüchen unserer Gesellschaft weggeschwemmt werden. Also lieber auf die Zunge beißen, ehe man das nächste Mal spottet. Man weiß nie, wann eine Lücke geschlossen werden muss…

Der Weg zur Hölle ist mit guten Vorsätzen gepflastert

„Die Gottlosen gehen zwar auf einem feinen Pflaster; aber sein Ende ist der Hölle Abgrund“
Jesus Sirach 21,11

Es ist Silvester, der letzte Tag des Jahres. Peter Paul befindet sich in weinseliger Stimmung auf einer Festivität bei Freunden. Und weil gerade keiner mit ihm reden will, umklammert er sein halbleeres Glas und lässt das vergangene Jahr Revue passieren. Es war ein gutes Jahr. Die Kerzen spiegeln sich im Rotwein. Peter Paul seufzt. Bei näherer Betrachtung hatte das Jahr schon gewisse Fehler. Vielleicht ein beinahe gutes Jahr. Er nimmt noch einen Schluck. Naja, eigentlich war es ein lausiges Jahr. Desaströs.
Aber ab morgen wird alles anders. Er wird sein Leben unter die Füße kriegen. Mit dem Rauchen aufhören. Zum fünften Mal. Außerdem wird er weniger trinken. Und mehr Sport treiben. Nein, besser noch: er wird sogar Mitglied eines Fitnessclubs werden. Er wird seine Ernährung umstellen. Viel mehr Gemüse. Außerdem wird er seiner Frau täglich sagen, dass er sie liebt und ihr viel mehr im Haushalt helfen. Er wird die Umwelt schützen, ein Ehrenamt annehmen und den Weltfrieden sichern.
Prost Neujahr!
Spätestens, wenn Peter Paul am Nachmittag des ersten Januars mit dröhnenden Schädel und blutunterlaufenen Augen aus dem Bett kriecht, sich mit zitternden Fingern die erste Zigarette anzündet, mit seiner Frau über das nicht gemachte Frühstück streitet, dabei den Aufnahmeantrag des Nothilfevereins zerreißt und auf dem Weg zum Fitnesscenter im Schnellimbiss hängenbleibt, wo er seine Currywurst mit einem Bier runterspült, wird klar, dass gute Vorsätze eher Fata Morgana als Mutter Courage sind.

Das wusste auch der englischen Schriftsteller Samuel Johnson, der Mitte des 18. Jahrhundert zum ersten Mal sagte: „Die Hölle ist mit guten Vorsätzen gepflastert". Allerdings ist das mit den ersten Malen bei Zitaten so eine Sache. Meist hat auch ein anderer im selben Jahrhundert denselben Ausspruch benutzt. In diesem Fall der schottische Dichter Sir Walter Scott. Der deklamierte ebenfalls das Bonmot, behauptete aber, dass ein englischer Theologe des 17.Jahrhunderts den Spruch geprägt hätte.
Doch selbst wenn's so wäre, hätte auch der nur nacherzählt, denn die Wurzeln des Sprichworts liegen tiefer. Im alttestamentlich-apokryphen Buch Jesus Sirach findet sich der Ausspruch in seiner Urform. Und dieses Buch ist mutmaßlich im 38. Regierungsjahr des Euergetes geschrieben worden. Das wäre im Jahr 132 v. Chr. gewesen. So behauptet es zumindest der Enkel Sirachs, der das Buch ins Griechische übersetzte.

Viel wichtiger als die Frage, wer denn nun zuerst die Idee zu diesem Aphorismus hatte, erscheint mir allerdings die Tatsache, dass er wahr ist.
Schlicht und ergreifend wahr.
Es geht dabei nicht um pseudomoralische Diskussionen puritanischer Philister, nach dem Motto: Wie vielen Omas muss ich über die Straße helfen, um einen Vollrausch wiedergutzumachen? Siebzig mal sieben??
Es geht vielmehr um die Wahrheit, dass wir nie gut genug sein werden. Wir können es noch so sehr versuchen. Doch gute Vorsätze allein machen noch keinen guten Menschen, höchsten einen Gutmenschen.
Was uns zu der müßigen Frage führt, ob sich auch Friedensnobelpreisträger sich Gedanken über den Bodenbelag zum feurigen Pfuhl machen müssen.
Seien wir ehrlich. Wir alle haben Grund, uns den Kopf darüber zu zerbrechen. Jedoch wär's sehr viel konstruktiver, zu überlegen wie das Pflaster zum Himmel beschaffen ist.

Inhalt

Über den Jordan gehen 6
Das schreit zum Himmel! 8
Augen haben und nicht sehen; Ohren haben und nicht hören 10
Du wirst dich noch umgucken! | Zur Salzsäule erstarren 12
Kein großes Licht sein 14
Der Antichrist 16
Da ist der Tod im Topf! 18
Jemandem die Leviten lesen 20
Der Geist ist willig, aber das Fleisch ist schwach 22
Ehre, wem Ehre gebühret 24
Ein Buch mit sieben Siegeln 26
Adams Apfel, Evas Kostüm und das solitäre Feigenblatt 28
Die verbotene Frucht 30
Im Dunkeln tappen 32
Seine Worte auf die Goldwaage legen 34
Ein Dorn im Auge sein 36
Wer andern eine Grube gräbt, fällt selbst hinein 38
Hochmut kommt vor dem Fall 40
Sein Licht unter den Scheffel stellen 42
Himmelhoch jauchzend 44
Für etwas wie geschaffen sein 46
So sicher, wie das Amen in der Kirche 48
Wer zuletzt lacht, lacht am besten 50
Die Haare stehen zu Berge 52
Gift und Galle spucken 54
Ihr Name ist Legion *oder* Ihre Zahl ist Legion 56
Wie ein Ölgötze 58
Per pedes (apostolorum) 60
Auf Sand gebaut haben 62
Etwas liegt im Argen | Die Welt ist beim Teufel 64
Macht geht vor Recht 66
Für ein Linsengericht hergeben 68

Sein Damaskus erleben | Von Saulus zu Paulus werden 70
Auge um Auge, Zahn um Zahn 72
Listig *oder* klug wie eine Schlange 74
Mehr Schulden als Haare auf dem Kopf haben 76
Das stinkt zum Himmel! | Erstunken und erlogen |
Etwas nicht mehr riechen können 78
Ein Auge auf jemanden werfen 80
Brot für die Welt 82
Durch Mark und Bein dringen 84
Nicht von dieser Welt sein 86
Zum Sündenbock machen | In die Wüste schicken 88
Bleibe im Lande und nähre dich redlich 90
Perlen vor die Säue werfen 92
Der schreit ja nach Prügel! 94
Mit Blindheit geschlagen sein 96
Mit zweierlei Maß messen | Ein gerütteltes Maß 98
Himmelfahrtskommando 100
Ein ellenlanger Brief 102
Möge der Kelch an mir vorüber gehen! 104
Jemandem den Garaus machen 106
Auf dem Trockenen sitzen 108
Ein zweischneidiges Schwert 110
Jemandem das Maul stopfen 112
Unheilschwanger 114
Feuertaufe 116
Nach jemanden bzw. etwas kräht kein Hahn 118
Im selben Boot sitzen 120
Ungeschoren davonkommen 122
Den Seinen gibt's der Herr im Schlaf 124
Geduldig wie ein Lamm | Opferlamm |
Unschuldslamm | lammfromm 126
Der Mensch lebt nicht vom Brot allein 128

Nicht viele Worte machen 130
Der Buchstabe tötet 132
Die Zelte abbrechen 134
Tohuwabohu 136
Auf Herz und Nieren prüfen 138
Wenn dich die Bösen Buben locken 140
Mit Engelszungen reden 142
Wer sich in Gefahr begibt, kommt darin um 144
Jeremiade | lamentieren 146
Lückenbüßer 148
Der Weg zur Hölle ist mit guten Vorsätzen gepflastert 150